HISTOIRE
DE MA VIE

L'auteur et l'éditeur de cet ouvrage se réservent le droit de le traduire ou de le faire traduire en toutes les langues. Ils poursuivront, en vertu des lois, décrets et traités internationaux, toutes contrefaçons ou toutes traductions faites au mépris de leurs droits.

PARIS. — TYPOGRAPHIE DE HENRI PLON
8, rue Garancière.

HISTOIRE DE MA VIE

PAR

GEORGE SAND

Charité envers les autres ;
Dignité envers soi-même ;
Sincérité devant Dieu.

Telle est l'épigraphe du livre que j'entreprends.
15 avril 1847.

GEORGE SAND.

TOME SEPTIÈME

L'auteur et l'éditeur se réservent le droit de traduction en toutes langues

PARIS

MICHEL LÉVY FRÈRES, LIBRAIRES-ÉDITEURS

RUE VIVIENNE, 2 *bis*

1856

HISTOIRE DE MA VIE

QUATRIÈME PARTIE

CHAPITRE PREMIER

Opinion d'Anna, de Fannelly et de Louise. — Retour et plaisanteries de Mary. — Confession générale. — L'abbé de Prémord. — Le jésuitisme et le mysticisme. — Communion et ravissement. — Le dernier bonnet de nuit. — Sœur Hélène. — Enthousiasme et vocation. — Opinion de Marie Alicia. — Élisa Auster. — Le pharisien et le publicain. — Parallèle de sentiments et d'instincts.

Au bout de quatre ou cinq jours, Anna, remarquant que j'étais silencieuse et absorbée, et que j'allais à l'église tous les soirs, me dit d'un air stupéfait : « Ah çà, mon cher *Calepin*, qu'est-ce à dire? on jurerait que tu deviens dévote ! — C'est fait, mon enfant, lui répondis-je tranquillement. —

Pas possible! — Je t'en donne ma parole d'honneur. — Eh bien, reprit-elle après avoir réfléchi un instant, je ne te dirai rien pour t'en détourner. Je crois que ce serait inutile. Tu es une nature passionnée, je l'ai toujours pensé. Je ne pourrai pas te suivre sur ce terrain-là. Je suis une nature plus froide, je raisonne. J'envie ton bonheur, je t'approuve de ne point hésiter; mais je ne crois pas que jamais j'arrive à la foi aveugle. Si ce miracle s'opérait pourtant, je ferais comme toi, j'en conviendrais sincèrement. — M'aimeras-tu moins? lui demandai-je. — A présent tu t'en consolerais aisément, reprit-elle. La dévotion absorbe et dédommage de tout. Mais comme j'ai pour ta sincérité la plus parfaite estime, je resterai ton amie quoi qu'il arrive. » Elle ajouta d'excellentes paroles encore, et se montra toujours pleine de raison, d'affection et d'indulgence pour moi.

Sophie ne prit pas beaucoup garde à mon changement. La diablerie passait de mode. Ma conversion lui portait le dernier coup. Peut-être étions-nous toutes également ennuyées de notre inaction, sans nous l'être avoué les unes aux autres. D'ailleurs Sophie était un diable mélancolique, et parfois elle avait de courts accès de dévotion mêlés de profondes tristesses qu'elle ne voulait ni expliquer ni avouer.

Celle que je craignais le plus d'affliger était Fannelly. Elle m'épargna la peine de lui refuser de courir davantage avec elle, elle me prévint. « Eh bien, ma tante, me dit-elle, te voilà donc rangée? Soit! Si tu t'en trouves bien j'en serai heureuse, et si cela te fait plaisir je me rangerai aussi. Je suis capable de devenir dévote pour faire comme toi et pour être toujours avec toi. »

Elle l'eût fait comme elle le disait, cette généreuse et abondante nature, si cela eût dépendu d'un mouvement de son cœur. Mais ses idées n'avaient pas la fixité et l'exclusivisme des miennes. D'ailleurs parmi les diables il n'y en avait que deux, Anna et moi, qui fussent susceptibles de ce qu'on appelait une conversion. Les autres n'avaient jamais protesté, elles n'étaient pas pieuses, parce qu'elles étaient dissipées; mais elles croyaient quand même, et du jour où la diablerie cessa elles furent plus régulières dans leurs exercices de piété, sans devenir dévotes exaltées pour cela.

Anna était *esprit fort*. C'était bien le mot pour elle, qui avait de l'esprit tout de bon et de la force dans la volonté. Pour moi, que l'on qualifiait d'esprit fort aussi, je n'avais ni force ni esprit. Il n'y avait de fort en moi que la passion, et quand celle de la religion vint à éclater, elle dévora tout dans mon cœur; rien dans mon cerveau ne lui fit obstacle.

J'ai dit qu'Anna aussi se jeta dans la piété après

son mariage, mais tant qu'elle resta au couvent elle garda son incrédulité. Ma ferveur me rendit probablement moins agréable pour elle, et quoiqu'elle eût la générosité de ne me le faire jamais sentir, je fus naturellement entraînée vers d'autres intimités, comme je le dirai bientôt.

J'étais restée liée avec Louise de la Rochejaquelein. Elle était encore à la petite classe, parce qu'elle était plus jeune que nous, mais elle était toujours beaucoup plus raisonnable et plus instruite que moi. Je la rencontrai dans les cloîtres peu de jours après ma conversion, et ce fut la seule personne dont j'eus la curiosité de saisir la première impression. Comme elle n'était ni diable, ni bête, ni fervente, son jugement était une chose à part.

« Eh bien, me dit-elle, es-tu toujours aussi désœuvrée, aussi tapageuse? — Que penserais-tu de moi, lui dis-je, si je t'apprenais que je me sens enflammée par la religion? — Je dirais, me répondit-elle, que tu fais bien, et je t'aimerais encore plus que je ne t'aime. » Elle m'embrassa avec une grande effusion de cœur, et n'ajouta aucun autre encouragement, voyant sans doute à mon air que j'irais plus loin que ses conseils.

Mary revint d'Angleterre ou d'Irlande dans ce temps-là. Elle avait grandi de toute la tête, sa figure avait pris une expression encore plus mâle, et ses manières étaient plus que jamais celles d'un garçon naïf, impétueux et insouciant. Elle rentra à la petite classe et y ressuscita si bien la diablerie que ses parents la reprirent au bout de quelques mois. Elle se moqua impitoyablement de ma dévotion, et quand nous nous rencontrions, elle me poursuivait des sarcasmes les plus comiques. Elle ne me fâcha pourtant jamais, car elle avait de l'esprit de bon aloi, c'est-à-dire de l'esprit sans amertume et une raillerie qui divertissait trop pour pouvoir blesser. Je raconterai dans la suite de mes mémoires comment nous nous sommes retrouvées vers l'âge de quarante ans, nous aimant toujours et nous retraçant avec plaisir nos jeunes années.

Mais me voici arrivée à un moment où il faut que je parle un peu de moi isolément, car ma ferveur me fit, pendant quelques mois, une vie solitaire et sans expansion apparente.

Ma conversion subite ne me donna pas le temps de respirer. Tout entière à mon nouvel amour, j'en voulus savourer toutes les joies. Je fus trouver mon confesseur pour le prier de me réconcilier officiellement avec le ciel. C'était un vieux prêtre, le plus paternel, le plus simple, le plus sincère, le plus chaste des hommes, et pourtant c'était un jésuite, *un père de la foi*, comme on disait depuis la révolution. Mais il n'y avait en lui que droiture et charité. Il s'appelait l'abbé de Prémord, et confessait la moindre partie du troupeau ; l'abbé de Villèle, qui était le directeur en titre de la communauté et des pensionnaires, ne pouvant suffire à tout.

On nous envoyait à confesse, bon gré, mal gré, tous les mois, usage détestable qui violentait la conscience et condamnait à l'hypocrisie celles qui n'avaient pas le courage de la résistance.

« Mon père, dis-je à l'abbé, vous savez bien comment je me suis confessée jusqu'ici, c'est-à-dire que vous savez que je ne me suis pas confessée du tout. Je suis venue vous réciter une formule d'examen de conscience qui court la classe et qui est la même pour toutes celles qui viennent à confesse contraintes et forcées. Aussi ne m'avez-vous jamais donné l'absolution, que je ne vous ai jamais demandée non plus. Aujourd'hui je vous la demande, et je veux me repentir et m'accuser sérieusement. Mais je vous avoue que je ne sais pas comment m'y prendre, parce que je ne me souviens d'aucun péché volontaire; j'ai vécu, j'ai pensé, j'ai cru comme on me l'avait enseigné. Si c'était un crime de nier la religion, ma conscience, qui était muette, ne m'a avertie de rien. Pourtant je dois faire pénitence, aidez-moi à me connaître et à voir en moi-même ce qui est coupable et ce qui ne l'est pas.

— Attendez, mon enfant, me dit-il. Je vois que ceci est une confession générale, comme on dit, et que nous aurons beaucoup à causer. Asseyez-vous. » Nous étions dans la sacristie, j'allai prendre une chaise et lui demandai s'il voulait m'interroger. « Non pas, me dit-il, je ne fais jamais de question : voici la seule que je vous adresserai. Avez-vous donc l'habitude de chercher vos examens de conscience dans les formulaires? — Oui, mais il y a bien des péchés que je ne sais pas avoir commis, car je n'y comprends rien. — C'est bien, je vous défends de jamais consulter aucun formulaire, et de chercher les secrets de votre conscience ailleurs qu'en vous-même. A présent, causons. Racontez-moi simplement et tranquillement toute votre existence, telle que vous vous la rappelez, telle que vous la concevez et la jugez. N'arrangez rien, ne cherchez ni le bien ni le mal de vos actions et de vos pensées, ne voyez en moi ni un juge ni un confesseur, parlez-moi comme à un ami. Je vous dirai ensuite ce que je crois devoir encourager ou corriger en vous dans l'intérêt de votre salut, c'est-à-dire de votre bonheur en cette vie et en l'autre. »

Ce plan me mit bien à l'aise. Je lui racontai ma vie avec effusion, moins longuement que je ne l'ai fait ici, mais avec assez de détails et de précision cependant pour que ce récit durât plus de trois heures. L'excellent homme m'écouta avec une attention soutenue, avec un intérêt paternel; plusieurs fois je le vis essuyer ses larmes, surtout quand j'arrivai à la fin et que je lui exposai simplement comment la grâce m'avait touchée au moment où je m'y attendais le moins.

C'était un vrai jésuite que l'abbé de Prémord, et en même temps un honnête homme, un cœur sensible et doux. Sa morale était pure, humaine, vivante pour ainsi dire. Il ne poussait pas au mysticisme, il prêchait terre à terre avec une grande onction et une grande bonhomie. Il ne voulait pas qu'on s'absorbât dans le rêve anticipé d'un monde meilleur au point d'oublier l'art de se bien conduire dans celui-ci ; voilà pourquoi je dis que c'était un vrai jésuite, malgré sa candeur et sa vertu.

Quand j'eus fini de causer, je lui demandai de me juger et de me choisir les points où j'étais coupable, afin que, m'agenouillant devant lui, j'eusse à les rappeler en confession et à m'en repentir pour mériter une absolution générale. Mais il me répondit : « Votre confession est faite. Si vous n'avez pas été éclairée plus tôt de la grâce, ce n'est pas votre faute. C'est à présent que vous pourriez devenir coupable si vous perdiez le fruit des salutaires émotions que vous avez éprouvées. Agenouillez-vous pour recevoir l'absolution, que je vais vous donner de tout mon cœur. »

Quand il eut prononcé la formule sacramentelle, il me dit : « Allez en paix, vous pouvez communier demain. Soyez calme et joyeuse, ne vous embarrassez pas l'esprit de vains remords, remerciez Dieu d'avoir touché votre cœur ; soyez toute à l'ivresse d'une sainte union de votre âme avec le Sauveur. »

C'était me parler comme il fallait ; mais on verra bientôt que ce saint quiétisme ne suffisait pas à l'ardeur de mon zèle, et que j'étais cent fois plus dévote que mon confesseur ; ceci soit dit à la louange de ce digne homme ; il avait atteint, je crois, l'état de perfection et ne connaissait plus les orages d'un prosélytisme ardent. Sans lui, je crois bien que je serais ou folle, ou religieuse cloîtrée à l'heure qu'il est. Il m'a guérie d'une passion délirante pour l'idéal chrétien. Mais en cela fut-il chrétien catholique, ou jésuite homme du monde ?

Je communiai le lendemain, jour de l'Assomption, 15 août. J'avais quinze ans et n'avais pas approché du sacrement depuis ma première communion à la Châtre. C'était dans la soirée du 4 août que j'avais ressenti ces émotions, ces ardeurs inconnues que j'appelais ma conversion. On voit que j'avais été droit au but ; j'étais pressée de faire acte de foi et de rendre, comme on disait, témoignage devant le Seigneur.

Ce jour de véritable première communion me parut le plus beau de ma vie, tant je me sentis pleine d'effusion et en même temps de puissance dans ma certitude. Je ne sais pas comment je m'y prenais pour prier. Les formules consacrées ne me suffisaient pas, je les lisais pour obéir à la règle catholique, mais j'avais ensuite des heures entières où, seule dans l'église, je priais d'abondance, répandant mon âme aux pieds de l'Éternel, et, avec mon âme, mes pleurs, mes souvenirs du passé, mes élans vers l'avenir, mes affections, mes dévouements, tous les trésors d'une jeunesse embrasée qui se consacrait et se donnait sans réserve à une idée, à un bien insaisissable, à un rêve d'amour éternel.

C'était puéril et étroit dans la forme, cette orthodoxie où je me plongeais, mais j'y portais le sentiment de l'infini. Et quelle flamme ce sentiment n'allume-t-il pas dans un cœur vierge ! Quiconque a passé par là sait bien que nulle affection terrestre ne peut donner de pareilles satisfactions intellectuelles. Ce Jésus, tel que les mystiques l'ont interprété et refait à leur usage, est un ami, un frère, un père, dont la présence éternelle, la sollicitude infatigable, la tendresse, la mansuétude infinies, ne peuvent se comparer à rien de réel et de possible ; je n'aime pas que les religieuses en aient fait leur époux. Il y a là quelque chose qui doit servir d'aliment au mysticisme hystérique, la plus répugnante des formes que le mysticisme puisse prendre. Cet amour idéal pour le Christ n'est sans danger que dans l'âge où les passions humaines sont muettes. Plus tard il prête aux aberrations du sentiment et aux chimères de l'imagination troublée. Nos religieuses anglaises n'étaient pas mystiques du tout, heureusement pour elles.

L'été se passa pour moi dans la plus complète béatitude. Je communiais tous les dimanches et quelquefois deux jours de suite. J'en suis revenue à trouver fabuleuse et inouïe l'idée matérialisée de manger la chair et de boire le sang d'un Dieu ; mais que m'importait alors ? Je n'y songeais pas, j'étais sous l'empire d'une fièvre qui ne raisonnait pas et je trouvais ma joie à ne pas raisonner. On me disait : « Dieu est en vous, il palpite dans votre cœur, il remplit tout votre être de sa divinité ; la grâce circule en vous avec le sang de vos veines ! » Cette identification complète avec la Divinité se faisait sentir à moi comme un miracle. Je brûlais littéralement comme sainte Thérèse ; je ne dormais plus, je ne mangeais plus, je marchais sans m'apercevoir du mouvement de mon corps ; je me condamnais à des austérités qui étaient sans mérite, puisque je n'avais plus rien à immoler, à changer ou à détruire en moi. Je ne sentais pas la langueur du jeûne. Je portais autour du cou un chapelet de filigrane qui m'écorchait, en guise de cilice. Je sentais la fraîcheur des gouttes de mon sang, et au lieu d'une douleur c'était une sensation agréable. Enfin je vivais dans l'extase, mon corps était insensible, il n'existait plus. La pensée prenait un développement insolite et impossible. Était-ce même la pensée? Non, les mystiques ne pensent pas. Ils rêvent sans cesse, ils contemplent, ils aspirent, ils brûlent, ils se consument comme des lampes, et ils ne sauraient se rendre compte de ce mode d'existence, qui est tout spécial et ne peut se comparer à rien.

Je crains donc d'être peu intelligible pour ceux qui n'ont pas subi cette maladie sacrée, car je me rappelle l'état où j'ai vécu durant quelques mois sans pouvoir bien me le définir à moi-même.

J'étais devenue sage, obéissante et laborieuse, cela va sans dire. Il ne me fallut aucun effort pour cela. Du moment que le cœur était pris, rien ne me coûtait pour mettre mes actions d'accord avec ma croyance. Les religieuses me traitèrent avec une grande affection; mais, je dois le dire, sans aucune flatterie et sans chercher, par aucun des moyens de séduction qu'on reproche aux communautés religieuses d'exercer envers leurs élèves, à m'inspirer plus de ferveur. Leur dévotion était calme, un peu froide peut-être, digne et même fière. Hormis une seule, elles n'avaient ni le don ni la volonté du prosélytisme entraînant, soit que cette réserve tînt à l'esprit de leur ordre, ou au caractère britannique, dont elles ne se départaient point.

Et puis, quelles remontrances, quelles exhortations eût-on pu m'adresser? J'étais si entière dans ma foi, si logique dans mon enthousiasme! Jamais de tiédeur, jamais d'oubli, jamais de relâchement possible à un esprit enfiévré comme était le mien. La corde était trop tendue pour se détendre d'elle-même, elle se serait plutôt brisée.

Marie Alicia continua d'être angéliquement bonne avec moi. Elle ne m'aima pas davantage après ma conversion qu'elle n'avait fait auparavant, et ce fut une raison pour moi d'augmenter d'affection pour elle. En goûtant la douceur de cette amitié maternelle si pure et si soutenue, je savourais la perfection de cette âme d'élite qui me chérissait si bien pour moi-même, puisqu'elle avait aimé la *pécheresse*, l'enfant ingouverné et ingouvernable, autant qu'elle aimait la convertie, l'enfant soumis et rangé.

Madame Eugénie, qui m'avait toujours traitée avec une indulgence qu'on taxait de partialité, devint plus sévère en même temps que je devenais plus raisonnable. Je ne péchais plus que par distraction, et elle me rabrouait un peu durement pour cela, quelque involontaires que fussent mes fautes. Un jour même que, perdue dans mes rêveries pieuses, je n'avais pas entendu un ordre qu'elle me donnait, elle m'infligea sans miséricorde la punition du bonnet de nuit. Le bonnet de nuit à *sainte Aurore* (les diables m'appelaient ainsi en riant)! Ce fut un cri de surprise et un murmure de stupeur dans toute la classe : « Vous voyez bien, disait-on, cette femme bizarre et contredisante aime les diables, et depuis que celui-ci est tombé dans le bénitier, elle ne peut plus le souffrir ! » Le bonnet de nuit ne m'affecta pas, j'avais la conscience de mon innocence, et je sus même gré à madame Eugénie de ne m'avoir pas épargnée plus qu'elle n'eût fait d'une autre en pareil cas. Je ne pensai pas qu'elle m'aimait moins, car elle me prouvait sa préférence comme en cachette. Si j'étais souffrante ou triste, elle venait le soir dans ma cellule m'interroger froidement, d'un ton railleur même ; mais c'était de sa part beaucoup plus que de la part de toute autre, cette sollicitude enjouée, cette démarche de venir à moi qu'elle n'a jamais faite pour aucune autre, que je sache. Je n'éprouvais pas le besoin de lui ouvrir mon cœur comme avec Marie Alicia, mais j'étais sensible à la part d'affection qu'elle pouvait me donner, et je baisais avec reconnaissance sa main longue, blanche et froide.

Ce fut au milieu de ma première ferveur que je contractai une amitié qui fut trouvée encore plus bizarre que celle que je portais à madame Eugénie, mais qui m'a laissé les plus doux et les plus chers souvenirs.

Dans la liste de nos religieuses, j'ai nommé une sœur converse, sœur Hélène, dont je me suis réservé de parler amplement quand j'aurais atteint la phase de mon récit où son existence se mêle à la mienne ; m'y voici arrivée.

CHAPITRE PREMIER.

Un jour que je traversais le cloître, je vois une sœur converse assise sur la dernière marche de l'escalier, pâle, mourante, baignée d'une sueur froide. Elle était placée entre deux seaux fétides qu'elle descendait du dortoir, et qu'elle allait vider. Leur pesanteur et leur puanteur avaient vaincu son courage et ses forces. Elle était pâle, maigre, en chemin de devenir phthisique. C'était Hélène, la plus jeune des converses, consacrée aux fonctions les plus pénibles et les plus repoussantes du couvent. A cause de cela, elle était un objet de dégoût pour les pensionnaires recherchées. On eût frémi de s'asseoir auprès d'elle, on évitait même de frôler son vêtement.

Elle était laide, d'un type commun, marquée de taches de rousseur sur un fond terne et comme terreux. Et cependant cette laideur avait quelque chose de touchant; cette figure calme dans la souffrance avait comme une habitude et une insouciance du malheur qu'on ne comprenait pas bien au premier abord, et qu'on eût pu prendre pour une indifférence grossière, mais qui se révélait quand on avait lu dans son âme, et dont chaque indice venait confirmer le poëme obscur et rude de sa pauvre vie. Ses dents étaient les plus belles que j'aie jamais vues, blanches, petites, saines et rangées comme un collier de perles. Quand on se souhaitait une beauté idéale, on parlait des yeux d'Eugenia

Yzquierdo, du nez de Maria Dormer, des cheveux de Sophie et des dents de *Sister Helen*.

Quand je la vis ainsi défaillante, je courus à elle, comme de juste ; je la soutins dans mes bras ; je ne savais que faire pour la secourir. Je voulais monter à l'ouvroir, appeler quelqu'un. Elle retrouva ses forces pour m'en empêcher, et, se levant, elle voulut reprendre son fardeau et continuer son ouvrage ; mais elle se traînait d'une si piteuse façon, qu'il ne me fallut pas beaucoup de vertu pour m'emparer de ses seaux et pour les emporter à sa place. Je la retrouvai, le balai à la main et se dirigeant vers l'église. « Ma sœur, lui dis-je, vous vous tuez. Vous êtes trop malade pour travailler aujourd'hui. Laissez-moi l'aller dire à Poulette pour quelle envoie quelqu'un nettoyer l'église, et vous irez vous coucher. — Non, non ! dit-elle en secouant sa tête courte et obstinée, je n'ai pas besoin d'aide ; on peut toujours ce qu'on veut, et je veux mourir en travaillant. — Mais c'est un suicide, lui dis-je, et Dieu vous défend de chercher la mort, même par le travail. — Vous n'y entendez rien, reprit-elle. J'ai hâte de mourir, puisqu'il faut que je meure. Je suis condamnée par les médecins. Eh bien, j'aime mieux être réunie à Dieu dans deux mois que dans six. »

Je n'osai pas lui demander si elle parlait ainsi par ferveur ou par désespoir, je lui demandai seulement si elle voulait consentir à ce que je l'aidasse à nettoyer l'église, puisque c'était l'heure de ma récréation. Elle y consentit en me disant : « Je n'en ai pas besoin, mais il ne faut pas empêcher une bonne âme de faire acte de charité. »

Elle me montra comment il fallait s'y prendre pour cirer le parquet de l'arrière-chœur, pour épousseter et frotter à la serge les stalles des nonnes. Ce n'était pas bien difficile, et je fis un côté de l'hémicycle pendant qu'elle faisait l'autre ; mais, toute jeune et forte que j'étais, le travail me mit en nage, tandis qu'elle, endurcie à la fatigue, et déjà remise de son évanouissement, avec l'air d'une mourante et l'apparente lenteur d'une tortue, elle vint à bout de sa tâche plus vite et mieux que moi.

Le lendemain était un jour de fête ; il n'y en avait pas pour elle, puisque tous les jours exigeaient les mêmes soins domestiques. Le hasard me la fit rencontrer encore comme elle allait faire les lits au dortoir. Il y en avait trente et quelques. Elle me demanda d'elle-même si je voulais l'aider, non pas qu'elle voulût être soulagée de son travail, mais parce que ma société commençait à lui plaire. Je la suivis par un mouvement de complaisance qui eût été bien naturel, quand même je n'aurais pas été poussée par le dévouement religieux qui inspire l'amour de la peine. Quand l'ouvrage fut terminé, et abrégé de moitié par mon concours, il nous resta quelques instants de loisir, et la sœur Hélène, s'asseyant sur un coffre, me dit : « Puisque vous êtes si complaisante, vous devriez bien m'enseigner un peu de français, car je n'en peux pas dire un mot, et cela me gêne avec les servantes françaises que j'ai à diriger. — Cette demande de votre part me réjouit, lui dis-je. Elle me prouve que vous ne songez plus à mourir dans deux mois, mais à vous conserver le plus longtemps possible. — Je ne veux que ce que Dieu voudra, reprit-elle. Je ne cherche pas la mort, je ne l'évite pas. Je ne peux pas m'empêcher de la désirer, mais je ne la demande pas. Mon épreuve durera tant qu'il plaira au Seigneur. — Ma bonne sœur, lui dis-je, vous êtes donc bien sérieusement malade? — Les médecins prétendent que oui, répondit-elle, et il y a des moments où je souffre tant que je crois qu'ils ont raison. Mais, après tout, je me sens si forte qu'ils pourraient bien se tromper. Allons ! qu'il en soit comme Dieu voudra ! »

Elle se leva en ajoutant : « Voulez-vous venir ce soir dans ma cellule? vous me donnerez la première leçon. »

J'y consentis à regret, mais sans hésiter. Cette pauvre sœur m'inspirait, malgré moi, de la répugnance, non pas elle, mais ses vêtements, qui étaient immondes et dont l'odeur me causait des nausées. Et puis, j'aimais bien mieux mon heure d'extase, le soir à l'église, que l'ennui de donner une leçon de français à une personne fort peu intelligente et qui ne savait que fort mal l'anglais.

Je m'y résignai pourtant, et le soir venu, j'entrai pour la première fois dans la cellule de sœur Hélène. Je fus agréablement surprise de la trouver d'une propreté exquise et toute parfumée de l'odeur du jasmin qui montait du préau jusqu'à sa fenêtre. La pauvre sœur était propre aussi ; elle avait sa robe de serge violette neuve ; ses petits objets de toilette bien rangés sur une table attestaient le soin qu'elle prenait de sa personne. Elle vit dans mes yeux ce qui me préoccupait. « Vous voilà étonnée, me dit-elle, de trouver propre et même recherchée sous ce rapport une personne qui remplit sans chagrin les plus viles fonctions. C'est parce que j'ai horreur de la saleté et des mauvaises odeurs que j'ai accepté gaiement ces fonctions-là. Quand je suis arrivée en France, j'ai été révoltée de voir des chenets ternes et des serrures rouillées. *Chez nous*, on se mirait dans le bois des meubles et dans la ferrure des moindres ustensiles. J'ai cru que je ne m'habituerais jamais à vivre dans un pays où l'on était si négligent. Mais pour faire de la propreté, il faut toucher à des choses malpropres. Vous voyez bien que mon goût devait me faire prendre l'état qui m'a suggéré l'envie de faire mon salut. »

Elle dit tout cela en riant ; car elle était gaie comme les personnes d'un grand courage. Je lui demandai ce qu'elle était avant d'être religieuse, et elle se mit à me raconter son histoire en mauvais anglais, dans un langage simple et rustique dont il me serait impossible de rendre la grandeur et la naïveté. Je ne l'essayerai pas, mais voici la substance de son récit :

« Je suis une montagnarde écossaise ; mon père[1] est un paysan aisé chargé d'une nombreuse famille. C'est un homme bon et juste, mais aussi rude dans sa volonté que courageux pour son travail. Je gardais ses troupeaux, je ne m'épargnais pas aux soins du ménage et à la surveillance de mes petits frères et sœurs, qui m'aimaient tendrement ; je les aimais de même. J'étais heureuse, j'aimais la campagne, les prés, les animaux. Il ne me semblait pas que je pusse vivre renfermée, seulement dans une ville ; je ne pensais pas beaucoup à mon salut. Un sermon que j'entendis changea toutes mes idées et m'inspira un si grand désir de plaire à Dieu que je n'eus plus ni plaisir ni repos dans ma famille. Ce sermon prêchait le renoncement, la mortification. Je me demandai ce que je pouvais faire de plus agréable à Dieu et de plus cruel pour moi-même, et je trouvai que quitter la campagne, perdre ma liberté, me séparer pour toujours de ma famille, serait un véritable martyre pour moi. Aussitôt j'y fus résolue.

[1] Probablement il était d'origine anglaise, il s'appelait Whitehead (*tête blanche*).

J'allai trouver le prêtre qui avait prêché, et je lui dis que j'avais la vocation. Il ne voulut pas me croire et me conduisit à l'évêque, afin que cet homme savant dans la religion examinât si ma vocation était véritable. L'évêque me demanda si j'étais malheureuse chez mes parents, si j'étais dégoûtée de mon pays, de mon état, si enfin j'avais quelque sujet de dépit ou de colère, pour quitter comme cela tout ce qui me retenait chez nous. Je lui répondis que dans ce cas-là ma vocation ne serait pas grande, et que je n'y croyais que parce qu'elle m'imposait les plus grands sacrifices que je pusse m'imaginer. Quand l'évêque m'eut bien interrogée sans me trouver en défaut, il me dit : « Oui, vous avez une grande vocation, mais il faut obtenir le consentement de vos parents. »

» Je retournai chez nous, et je parlai d'abord à mon père ; mon père me dit que si je retournais seulement voir les prêtres, il me tuerait. « Eh bien, lui dis-je, j'y retournerai, vous me tuerez, et j'irai au ciel plus tôt : c'est tout ce que je demande. » Ma mère et mes tantes pleurèrent, et, voyant que je ne pleurais pas, elles me reprochèrent de ne pas les aimer. Cela me fit beaucoup de peine, comme vous pouvez croire, mais c'était le commencement de mon martyre, et puisque je ne pouvais pas me faire couper par morceaux ou brûler vive pour l'amour de Dieu, je devais me contenter d'avoir le cœur brisé et me réjouir dans cette épreuve. Je ne fis donc que sourire aux larmes de mes parents, parce que je souffrais plus qu'eux encore et que j'étais contente de souffrir.

» Je retournai voir le prêtre et l'évêque; mon père me maltraita, m'enferma dans ma chambre, et quand vint le jour où je voulus partir pour entrer en religion, il m'attacha avec des cordes au pied d'un lit. Plus on me faisait de peine et de mal, plus je souhaitais qu'on m'en fît. Enfin ma mère et une de mes tantes, voyant que mon père était furieux, et craignant qu'il ne me fît mourir, essayèrent de le faire consentir à mon départ. « Eh bien, dit-il, qu'elle parte tout de suite, mais qu'elle emporte ma malédiction. »

» Il vint me détacher, et quand je voulus me mettre à ses genoux et l'embrasser, il me repoussa, refusa de me dire adieu, et sortit. Il avait bien du chagrin, mon pauvre père! Il prit son fusil : on aurait dit qu'il allait se tuer. Mes frères aînés le suivirent, et quand je fus seule avec les femmes et les enfants, tous se mirent à genoux autour de moi pour me faire renoncer à mon sacrifice. Et moi je riais, et je disais : « Encore, encore! vous ne me ferez jamais souffrir autant que je le souhaite. »

» Il y avait un petit enfant, l'enfant de ma sœur aînée, un vrai chérubin, que j'avais élevé particulièrement, qui était toujours pendu à ma robe, aux champs et dans la maison. On savait que j'étais folle de cet enfant-là. On le mit sur mes genoux, il pleurait et m'embrassait. Je me levai pour le mettre à terre. Je pris mon paquet et marchai vers la porte. L'enfant courut au-devant de moi, et se couchant sur le seuil il me dit : « Puisque tu veux me quitter, tu me marcheras sur le corps. » Je remerciai Dieu de ce qu'il ne m'épargnait rien, et je passai par-dessus l'enfant. Pendant bien longtemps j'entendis ses cris et les sanglots de ma mère, de mes tantes, de mes sœurs et de tous les petits, qu'on retenait pour les empêcher de courir après moi. Je me retournai et leur montrai le ciel en élevant un bras au-dessus de ma tête. Ma famille n'était pas impie. Il se fit un grand silence. Alors je me remis à marcher, et ne me retournai plus que quand je fus assez loin pour n'être point vue. Je regardai le toit de la maison et la fumée. Je fus forcée de m'asseoir un instant, mais je ne pleurai pas, et j'arrivai auprès de l'évêque aussi tranquille que je le suis maintenant. Il me confia à des dames pieuses qui m'envoyèrent ici, parce qu'elles craignaient que mon père ne vînt me reprendre de force si on me laissait dans mon pays. Voilà mon histoire. Elle n'est pas bien longue ni bien dite, mais je ne sais pas m'expliquer mieux. »

Cette histoire simple et terrible acheva de me monter la tête pour la religion et m'inspira tout à coup pour la sœur Hélène une prédilection enthousiaste. Je vis en elle une sainte des anciens jours, rude, ignorante des délicatesses de la vie et des compromis de cœur avec la conscience, une fanatique ardente et calme comme Jeanne d'Arc ou sainte Geneviève. C'était, par le fait, une mystique, la seule, je crois, qu'il y eût dans la communauté : aussi n'était-elle pas Anglaise.

Frappée comme d'un contact électrique, je lui pris les mains et m'écriai : « Vous êtes plus forte dans votre simplicité que tous les docteurs du monde, et je crois que vous me montrez, sans y songer, le chemin que j'ai à suivre. Je serai religieuse ! — Tant mieux ! me dit-elle avec la confiance et la droiture d'un enfant : vous serez sœur converse avec moi, nous travaillerons ensemble. »

Il me sembla que le ciel me parlait par la bouche de cette inspirée. Enfin j'avais rencontré une véritable sainte comme celles que j'avais rêvées. Mes autres nonnes étaient comme des anges terrestres, qui, sans lutte et sans souffrances, jouissaient par anticipation du calme paradisiaque. Celle-ci était une créature plus humaine et plus divine en même temps. Plus humaine, parce qu'elle souffrait ; plus divine, parce qu'elle aimait à souffrir. Elle n'avait pas cherché le bonheur, le repos, l'absence de tentations mondaines, la liberté du recueillement dans le cloître. Les séductions du siècle ! pauvre fille des champs nourrie dans de grossiers labeurs, elle ne les connaissait pas. Elle n'avait rêvé et accompli qu'un martyre de tous les jours, elle l'avait envisagé avec la logique sauvage et grandiose de la foi primitive. Elle était exaltée jusqu'au délire sous une apparence froide et stoïque. Quelle nature puissante! Son histoire me faisait frissonner et brûler. Je la voyais aux champs, écoutant, comme notre *grande pastoure,* les voix mystérieuses dans les branches des chênes et dans le murmure des herbes. Je la voyais passant par-dessus le corps de ce bel enfant dont les larmes tombaient sur mon cœur et passaient dans mes yeux. Je la voyais seule et debout sur le chemin, froide comme une statue et le cœur percé cependant des sept glaives de la douleur, élevant sa main hâlée vers le ciel et réduisant au silence, par l'énergie de sa volonté, toute cette famille gémissante et frappée de respect.

« O sainte Hélène, me disais-je en la quittant, vous avez raison, vous êtes dans le vrai, vous! vous êtes d'accord avec vous-même. Oui! quand on aime Dieu de toutes ses forces, quand on le préfère à toutes choses, on ne s'endort point en chemin ; on n'attend pas ses ordres, on les prévient ; on court au-devant des sacrifices. Oui! vous m'avez embrasée du feu de votre amour, et vous m'avez montré la voie. Je serai religieuse ; ce sera le désespoir de mes parents, le mien par conséquent. Il faut ce désespoir-là pour avoir le droit de dire à Dieu : « Je t'aime ! » Je serai religieuse et non pas *dame de chœur,* vivant dans une simplicité recherchée et dans une béate oisiveté. Je serai sœur converse, servante écrasée de fatigue, balayeuse de tombeaux, porteuse d'immondices; tout ce qu'on voudra, pourvu que je sois oubliée après avoir été maudite par les miens; pourvu que, dévorant l'amertume de l'immolation, je n'aie que Dieu pour témoin de mon supplice et que son amour pour ma récompense. »

Je ne tardai pas à confier à Marie Alicia mon projet d'entrer en religion. Elle n'en fut point enivrée. La digne et raisonnable femme me dit en souriant : « Si cette idée vous est douce, nourrissez-la, mais ne la prenez pas trop au sérieux. Il faut être plus fort que vous ne pensez pour mettre à exécution une chose difficile. Votre mère n'y consentira pas volontiers, votre grand'mère encore moins. Elles diront que nous vous avons entraînée, et ce n'est pas du tout notre intention ni notre manière d'agir. Nous ne caressons point les vocations au début, nous les attendons à leur entier développement. Vous ne vous connaissez pas encore vous-même. Vous croyez qu'on mûrit du jour au lendemain; allons, allons, *ma chère sœur,* il passera encore de l'eau sous le pont avant que vous signiez cet écrit-là. » Et elle me montrait la formule de ses vœux, écrite en latin dans un petit cadre de bois noir au-dessus de son prie-Dieu. Cette formule, contraire à la législation française, était un engagement éternel ; on le signait à une petite table sur laquelle, au milieu de l'église, on posait le saint sacrement.

Je souffrais bien un peu des doutes de madame Alicia sur mon compte ; mais je me défendais de cette souffrance comme d'une révolte de mon orgueil. Seulement je persistais à croire, sans en rien dire, que la sœur Hélène avait une plus grande vocation. Marie Alicia était heureuse, elle le disait sans affectation et sans emphase, et on voyait bien qu'elle était sincère. Elle disait parfois : « Le plus grand bonheur, c'est d'être en paix avec Dieu. Je ne l'aurais pas été dans le monde, je ne suis pas une héroïne, j'ai la crainte et peut-être le sentiment de ma faiblesse. Le cloître me sert de refuge et la règle monastique d'hygiène morale ; moyennant ces puissants secours, je suis mon chemin sans trop d'efforts ni de mérite. »

Ainsi raisonnait cette âme profondément humble, ou, si on l'aime mieux, cet esprit parfaitement modeste. Elle était d'autant plus forte qu'elle croyait ne pas l'être.

Quand j'essayais de raisonner avec elle, à la manière de la sœur Hélène, elle secouait doucement la tête : « Mon enfant, me disait-elle, si vous cherchez le mérite de la souffrance, vous le trouverez de reste dans le monde. Croyez bien qu'une mère de famille, ne fût-ce que pour mettre ses enfants au monde, a plus de douleur et de travail que nous. Je ne regarde pas la vie claustrale comme un sacrifice comparable à ceux qu'une bonne épouse et une bonne mère doit s'imposer tous les jours. Ne vous tourmentez donc pas l'esprit, et attendez ce que Dieu vous inspirera quand vous serez en âge de choisir. Il sait mieux que vous et moi ce qui vous convient. Si vous désirez de souffrir, soyez tranquille, la vie vous servira à souhait, et peut-être trouverez-vous, si votre ardeur de sacrifice persiste, que c'est dans le monde, et non dans le couvent, qu'il faut aller chercher votre martyre. »

Sa sagesse me pénétrait de respect, et ce fut elle qui me préserva de prononcer ces vœux imprudents que les jeunes filles font quelquefois d'avance dans le secret de leur effusion devant Dieu : serments terribles qui pèsent quelquefois pour toute la vie sur des consciences timorées, et qu'on ne viole pas, quelque non recevables qu'ils aient été devant Dieu, sans porter une grave atteinte à la dignité et à la santé de l'âme.

Cependant je ne me défendais pas de l'enthousiasme de sœur Hélène ; je la voyais tous les jours, j'épiais l'occasion et le moyen de l'aider dans ses rudes travaux, consacrant mes récréations de la journée à les partager, et celles du soir à lui donner des leçons de français dans sa cellule. Elle avait, je l'ai dit, fort peu d'intelligence et savait à peine écrire. Je lui appris plus d'anglais que de français, car je m'aperçus bientôt que c'était par l'anglais que nous eussions dû commencer. Nos leçons ne duraient guère qu'une demi-heure. Elle se fatiguait vite. Cette tête si forte avait plus de volonté que de puissance.

Nous avions donc une demi-heure pour causer, et j'aimais son entretien, qui était pourtant celui d'un enfant. Elle ne savait rien, elle ne désirait rien savoir hors du cercle étroit où sa vie s'était renfermée. Elle avait le profond mépris de toute science étrangère à la vie pratique qui caractérise le paysan. Elle parlait mal à froid, ne trouvait pas de mots à son usage, et ne pouvait pas enchaîner ses idées ; mais quand l'enthousiasme revenait, elle avait des élans d'une spontanéité sublime, des mots d'une profondeur étrange dans leur concision enfantine.

Elle ne doutait pas de ma vocation, elle ne cherchait pas à me retenir et à me faire hésiter dans mon entraînement ; elle croyait à la force des autres comme à la sienne propre. Elle ne s'embarrassait l'esprit d'aucun obstacle et se persuadait qu'il serait très-facile de m'obtenir une dispense pour entrer dans la communauté en dépit des statuts de la règle, qui n'admettaient que des Anglaises, des Écossaises ou des Irlandaises dans le couvent. J'avoue que l'idée d'être religieuse ailleurs qu'aux Anglaises me faisait frémir, preuve que je n'avais pas de vocation véritable ; et comme je lui avouais le doute que cette préférence pour notre couvent élevait en moi, elle me rassurait avec une adorable indulgence. Elle voulait trouver ma préférence légitime, et cette mollesse de cœur n'altérait pas, suivant elle, l'excellence de ma vocation. J'ai déjà dit quelque part dans cet ouvrage, à propos de la Tour d'Auvergne, je crois, que le cachet de la véritable grandeur est de ne jamais songer à exiger des autres les grandes choses qu'on s'impose à soi-même. La sœur Hélène, cette créature toute d'instincts sublimes, agissait de même avec moi. Elle avait quitté sa famille et son pays, elle était venue avec joie s'enterrer dans le premier couvent qu'on lui avait désigné, et elle consentait à me laisser choisir ma retraite et *arranger* mon sacrifice. C'était assez, à ses yeux, qu'une personne comme moi, qu'elle regardait comme un grand esprit (parce que je savais ma langue mieux qu'elle ne savait la sienne), acceptât délibérément l'idée d'être sœur converse au lieu de préférer tenir la classe.

Nous faisions donc des châteaux en Espagne ensemble. Elle me cherchait un nom, celui de Marie-Augustine, que j'avais pris à la confirmation, étant déjà porté par Poulette. Elle me désignait une cellule voisine de la sienne. Elle m'autorisait d'avance à aimer le jardinage et à cultiver des fleurs dans le préau. J'avais conservé le goût de tripoter la terre, et comme j'étais trop grande fille pour faire un petit jardin pour moi-même, je passais une partie des récréations à brouetter du gazon et à dessiner des allées dans les jardinets des petites. Aussi il fallait voir quelle adoration ces enfants avaient pour moi. On me raillait un peu à la grande classe. Anna soupirait de mon abrutissement sans cesser d'être bonne et affectueuse. Pauline de Pontcarré, mon amie d'enfance, qui était entrée au couvent depuis six mois, disait à sa mère, devant moi, que j'étais devenue imbécile, parce que je ne pouvais plus vivre qu'avec la sœur Hélène ou les enfants de sept ans.

J'avais pourtant contracté une amitié qui eût dû me relever dans l'opinion des plus intelligentes, puisque c'était avec la personne la plus intelligente du couvent. Je n'ai pas encore parlé d'Élisa Auster, bien que ce soit une des figures les plus remarquables de cette série de portraits où mon récit m'entraîne. J'ai voulu la garder pour le joyau principal de cette précieuse couronne.

Un Anglais, M. Auster, neveu de madame Canning, notre supérieure, avait épousé à Calcutta une belle Indienne, dont il avait eu grand nombre d'enfants, douze, peut-être quatorze. Le climat les avait tous dévorés dans leur bas âge, excepté un fils, qui s'est fait prêtre, et deux filles : Lavinia, qui a été ma compagne à la petite classe ; Élisa, sa sœur aînée, mon amie de la grande classe, qui est aujourd'hui supérieure d'un couvent de Cork en Irlande.

M. et madame Auster, voyant périr tous leurs enfants, dont l'organisation splendide semblait se dessécher tout à coup dans un milieu contraire, et ne pouvant abandonner leurs affaires, firent l'effort de se séparer des trois qui leur restaient. Ils les envoyèrent en Angleterre à madame Blount, sœur de madame Canning. Voilà du moins l'histoire que l'on racontait au couvent. Plus tard j'ai entendu dire autrement : mais qu'importe ? Le fait certain, c'est qu'Élisa et Lavinia se rappelaient confusément leur mère se roulant de désespoir sur le rivage indien tandis que le navire s'en éloignait à pleines voiles. Mises au couvent à Cork en Irlande, Élisa et Lavinia vinrent en France lorsque madame Blount se décida à venir habiter, avec sa fille et ses deux nièces, notre couvent des Anglaises. Cette famille avait-elle de la fortune ? Je l'ignore, on ne s'occupait guère de cela parmi les dévotes. Je crois que le père était encore aux Indes quand je connus ses filles. La mère y était à coup sûr, et n'avait pas vu ses enfants depuis une douzaine d'années.

Lavinia était une charmante enfant, timide, impressionnable, rougissant à tout propos, d'une douceur parfaite, ce qui ne l'empêchait pas d'être un peu diable et fort peu dévote. Ses tantes et sa sœur la grondaient souvent. Elle ne s'en souciait pas énormément.

Élisa était d'une beauté incomparable et d'une intelligence supérieure. C'était le plus admirable résultat possible de l'union de la race anglaise avec le type indien. Elle avait un profil grec d'une pureté de lignes exquises, un teint de lis et de roses sans hyperbole, des cheveux châtains superbes, des yeux bleus d'une douceur et d'une pénétration frappantes, une sorte de fierté caressante dans la physionomie; le regard et le sourire annonçaient la tendresse d'un ange, le front droit, l'angle facial fortement accusé, je ne sais quoi de carré dans une taille magnifique de proportions, révélaient une grande volonté, une grande puissance, un grand orgueil.

Dès son plus jeune âge, toutes les forces de cette âme vigoureuse s'étaient tournées vers la piété. Elle nous arriva sainte, comme je l'ai toujours connue; ferme dans sa résolution de se faire religieuse, et cultivant dans son cœur une seule amitié exclusive, le souvenir d'une religieuse de son couvent d'Irlande, sœur Maria Borgia de Chantal, qui a toujours encouragé sa vocation, et qu'elle est allée rejoindre plus tard en prenant le voile. La plus grande marque d'amitié qu'elle m'ait donnée, c'est un petit reliquaire que j'ai toujours à ma cheminée,

2.

et qu'elle tenait de cette religieuse. Je lis encore sur l'envers : *M. de Chantal to E*. 1816. Elle y tenait tant qu'elle me fit promettre de ne jamais m'en séparer, et je lui ai tenu parole. Il m'a suivie partout. Dans un voyage le verre s'est cassé, la relique s'est perdue, mais le médaillon est intact, et c'est le reliquaire lui-même qui est devenu relique pour moi.

Cette belle Élisa était la première dans toutes les études, la meilleure pianiste du couvent, celle qui faisait tout mieux que les autres, puisqu'elle y portait à dose égale les facultés naturelles et la volonté soutenue. Elle faisait tout cela en vue d'être propre à diriger l'éducation des jeunes Irlandaises qui lui seraient confiées un jour à Cork, car elle était pour son couvent de Cork comme moi pour mon couvent des Anglaises. Marie Borgia était son Alicia et son Hélène. Elle ne comprenait pas qu'elle pût être religieuse ailleurs, et sa vocation n'en était pas moins certaine, puisqu'elle y a persisté avec joie.

Elle avait bien plus raison que moi en songeant à se rendre utile dans le cloître. Moi, je suivais les études avec soumission, avec le plus d'attention possible; mais, en réalité, depuis que j'étais dévote, je ne faisais pas plus de progrès que je n'avais fait de besogne auparavant. Je n'avais pas d'autre but que celui de me soumettre à la règle, et mon mysticisme me commandant d'immoler toutes les vanités du monde, je ne voyais pas qu'une sœur converse eût besoin de savoir jouer du piano, dessiner et de connaître l'histoire. Aussi, après trois années de couvent, en suis-je sortie beaucoup plus ignorante que je n'y étais entrée. J'y avais même perdu ces accès d'amour pour l'étude dont je m'étais sentie prise de temps en temps à Nohant. La dévotion m'absorbait bien autrement que n'avait fait la diablerie. Elle usait toute mon intelligence au profit de mon cœur. Quand j'avais pleuré d'adoration pendant une heure à l'église, j'étais brisée pour tout le reste du jour. Cette passion, répandue à flots dans le sanctuaire, ne pouvait plus se rallumer pour rien de terrestre. Il ne me restait ni force, ni élan, ni pénétration pour quoi que ce soit. Je m'abrutissais, Pauline avait bien raison de le dire, mais il me semble pourtant que je grandissais dans un certain sens. J'apprenais à aimer autre chose que moi-même : la dévotion exaltée a ce grand effet sur l'âme qu'elle possède, que, du moins, elle y tue l'amour-propre radicalement, et si elle l'hébète à certains égards, elle la purge de beaucoup de petitesses et de mesquines préoccupations.

Quoique l'être humain soit dans la conduite de sa vie un abîme d'inconséquences, une certaine logique fatale le ramène toujours à des situations analogues à celles où son instinct l'a déjà conduit. Si l'on s'en souvient, j'étais parfois à Nohant, devant les soins et les leçons de ma grand'mère, dans la même disposition de soumission inerte et de dégoût secret que celle où je me retrouvais au couvent devant les études qui m'étaient imposées. A Nohant, ne pensant qu'à me faire ouvrière avec ma mère, j'avais méprisé l'étude comme trop aristocratique. Au couvent, ne songeant qu'à me faire servante avec sœur Hélène, je méprisais l'étude comme trop mondaine.

Je ne sais plus comment il m'arriva de me lier avec Élisa. Elle avait été froide et même dure avec moi durant ma diablerie. Elle avait des instincts de domination qu'elle ne pouvait contenir, et lorsqu'un diable dérangeait sa méditation à l'église ou bouleversait ses cahiers à la classe, elle devenait pourpre; ses belles joues prenaient même rapidement une teinte violacée, ses sourcils, déjà très-rapprochés, s'unissaient par un froncement nerveux; elle murmurait des paroles d'indignation, son sourire devenait méprisant, presque terrible; sa nature impérieuse et hautaine se trahissait. Nous disions alors que le sang asiatique lui montait au visage. Mais c'était un orage passager. La volonté, plus forte que l'instinct, dominait cette colère. Elle faisait un effort, pâlissait, souriait, et ce sourire, passant sur ses traits comme un rayon de soleil, y ramenait la douceur, la fraîcheur et la beauté.

Toutefois il fallait la connaître beaucoup pour

l'aimer, et, en général, elle était plus admirée que recherchée.

Quand elle se fit connaître à moi, ce ne fut point à demi. Elle me révéla ses propres défauts avec beaucoup de grandeur, et m'ouvrit sans réserve son âme austère et tourmentée.

« Nous marchons au même but par des chemins différents, me disait-elle. J'envie le tien, car tu y marches sans effort et tu n'as pas de lutte à soutenir. Tu n'aimes pas le monde, tu n'y pressens qu'ennuis et lassitudes. La louange ne te cause que du dégoût. On dirait que tu te laisses glisser du siècle dans le cloître par une pente facile et que ton être n'a point d'aspérités qui te retiennent. Moi, disait-elle (et en parlant ainsi sa figure rayonnait comme celle d'un archange), j'ai *un orgueil de Satan!* Je me tiens dans le temple comme le pharisien superbe, et il me faut faire un effort pour me mettre moi-même à la porte, où je te trouve, toi, endormie et souriante, à l'humble place du publicain. J'ai un sentiment de recherche dans le choix de mon sort futur en religion. Je veux bien obéir, mais je sens aussi le besoin de commander. J'aime l'approbation, la critique m'irrite, la moquerie m'exaspère. Je n'ai ni indulgence instinctive ni patience naturelle. Pour vaincre tout cela, pour m'empêcher de tomber dans le mal cent fois par jour, il me faut une continuelle tension de ma volonté.

Enfin, si je surnage au-dessus de l'abîme de mes passions j'aurai bien du mal, et il me faudra du ciel une bien grande assistance. »

Là-dessus elle pleurait et se frappait la poitrine. J'étais forcée de la consoler, moi qui me sentais un atome auprès d'elle. « Il est possible, lui disais-je, que je n'aie pas les mêmes défauts que toi, mais j'en ai d'autres, et je n'ai pas tes qualités. A brebis tondue, Dieu ménage le vent. Comme je n'ai pas ta force, les vives sensations me sont épargnées. Je n'ai pas de mérite à être humble, puisque par caractère, par position sociale peut-être, je méprise beaucoup de choses qu'on estime dans le monde. Je ne connais pas le plaisir qu'on goûte à la louange; ni ma personne ni mon esprit ne sont remarquables. Peut-être serais-je vaine si j'avais ta beauté et tes facultés : si je n'ai pas le goût du commandement, c'est que je n'aurais pas la persévérance de gouverner quoi que ce soit. Enfin, rappelle-toi que les plus grands saints sont ceux qui ont eu le plus de peine à le devenir.

— C'est vrai! s'écria-t-elle. Il y a de la gloire à souffrir, et les récompenses sont proportionnées aux mérites. Puis tout à coup laissant retomber sa tête charmante dans ses belles mains : « Ah! disait-elle en soupirant, ce que je pense là est encore de l'orgueil! Il s'insinue en moi par tous les pores et prend toutes les formes pour me vaincre. Pourquoi est-ce que je veux trouver de la gloire au bout de mes combats, et une plus haute place dans le ciel que toi et la sœur Hélène? En vérité, je suis une âme bien malheureuse. Je ne peux pas m'oublier et m'abandonner un seul instant. »

C'est dans de telles luttes intérieures que cette vaillante et austère jeune fille consumait ses plus brillantes années; mais il semblait que la nature l'eût formée pour cela, car plus elle s'agitait, plus elle était resplendissante d'embonpoint, de couleur et de santé.

Il n'en était pas ainsi de moi. Sans lutte et sans orage, je m'épuisais dans mes expansions dévotes. Je commençais à me sentir malade, et bientôt le malaise physique changea la nature de ma dévotion. J'entre dans la seconde phase de cette vie étrange.

CHAPITRE DEUXIÈME

Le cimetière. — Mystérieux orage contre sœur Hélène. — Premiers doutes instinctifs. — Mort de la mère Alippe. — Terreurs d'Élisa. — Second mécontentement intérieur. — Langueurs et fatigues. — La maladie des scrupules. — Mon confesseur me donne pour pénitence l'ordre de m'amuser. — Bonheur parfait. — Dévotion gaie. — Molière au couvent. — Je deviens auteur et directeur des spectacles. — Succès inouï du *Malade imaginaire* devant la communauté. — Jane. — Révolte. — Mort du duc de Berry. — Mon départ du couvent. — Mort de madame Canning. — Son administration. — Élection de madame Eugénie. — Décadence du couvent.

J'avais passé plusieurs mois dans la béatitude, mes jours s'écoulaient comme des heures. Je jouissais d'une liberté absolue depuis que je n'étais plus d'humeur à en abuser. Les religieuses me menaient avec elles dans tout le couvent, dans l'ouvroir, où elles m'invitaient à prendre le thé; dans la sacristie, où j'aidais à ranger et à plier les ornements d'autel; dans la tribune de l'orgue, où nous répétions les chœurs et motets; dans la *chambre des novices*, qui était une salle servant d'école de plain-chant; enfin dans le cimetière, qui était le lieu le plus interdit aux pensionnaires. Ce cimetière, placé entre l'église et le mur du jardin des Écossais, n'était qu'un parterre de fleurs sans tombes et sans épitaphes. Le renflement du gazon annonçait seul la place des sépultures. C'était un endroit délicieux, tout ombragé de beaux arbres, d'arbustes et de buissons luxuriants. Dans les soirs d'été, on y était presque asphyxié par l'odeur des jasmins et des roses; l'hiver, pendant la neige, les bordures de violettes et les roses du Bengale souriaient encore sur ce linceul sans tache. Une jolie chapelle rustique, sorte de hangar ouvert qui abritait une statue de la Vierge, et qui était toute festonnée de pampres et de chèvrefeuille, séparait ce coin sacré de notre jardin, et l'ombrage de nos grands marronniers se répandait par-dessus le petit toit de la chapelle. J'ai passé là des heures de délices à rêver sans songer à rien. Dans mon temps de diablerie, quand je pouvais me glisser dans le cimetière, c'était pour y recueillir les bonnes balles élastiques que les Écossais perdaient par-dessus le mur. Mais je ne songeais même plus aux balles élastiques. Je me perdais dans le rêve d'une mort anticipée, d'une existence de sommeil intellectuel, d'oubli de toutes choses, de contemplations incessantes. Je choisissais ma place dans le cimetière. Je m'étendais là en imagination pour dormir comme dans le seul lieu du monde où mon cœur et ma cendre pussent reposer en paix.

Sœur Hélène m'entretenait dans mes songes de bonheur, et pourtant elle n'était pas heureuse, la pauvre fille. Elle souffrait beaucoup, quoique sa force physique eût repris le dessus, et qu'elle fût en voie de guérison ; mais je crois que son mal était moral. Je crois qu'elle était un peu grondée, un peu persécutée pour son mysticisme. Il y avait des soirs où je la trouvais en pleurs dans sa cellule. J'osais à peine l'interroger, car à mon premier mot elle secouait sa tête carrée d'un air dédaigneux, comme pour me dire : « J'en ai supporté bien d'autres, et vous n'y pouvez rien. » Il est vrai qu'aussitôt elle se jetait dans mes bras et pleurait sur mon épaule ; mais pas une plainte, pas un murmure, pas un aveu ne s'échappa jamais de ses lèvres scellées.

Un soir que je passais dans le jardin, au-dessous de la fenêtre de la chambre de la supérieure, j'entendis le bruit d'une vive altercation. Je ne pouvais ni ne voulais saisir le dialogue, mais je reconnaissais le son des voix. Celle de la supérieure était rude et irritée, celle de sœur Hélène navrante et entrecoupée de gémissements. Dans le temps où je cherchais le secret de la *victime*, j'aurais trouvé là matière à de belles imaginations ; je me serais glissée dans l'escalier, dans l'antichambre, j'aurais surpris le mystère dont j'étais avide. Mais ma religion me défendait d'espionner désormais, et je passai le plus vite que je pus. Pourtant cette voix déchirante de ma chère Hélène me suivait malgré moi. Elle ne paraissait pas supplier, je ne crois pas que cette robuste nature eût pu se ployer à cela ; elle semblait protester énergiquement et se plaindre d'une accusation injuste. D'autres voix que je ne reconnus pas semblaient la charger et la reprendre. Enfin, quand je fus assez loin pour ne rien entendre clairement, il me sembla que des cris inarticulés venaient jusqu'à moi à travers les brises de la nuit et les rires des pensionnaires en récréation.

Ce fut le premier coup porté à la sérénité de mon âme. Que se passait-il donc dans le secret du chapitre ? Étaient-elles injustement soupçonneuses, étaient-elles impitoyables devant une faute, ces nonnes à l'air si doux, aux manières si tranquilles ! Et quelle faute pouvait donc commettre une sainte comme la sœur Hélène ? N'était-ce pas son trop de foi et de dévouement qu'on lui reprochait ? Étais-je pour quelque chose là dedans ? Lui faisait-on un crime de notre sainte amitié ? J'avais entendu distinctement la supérieure articuler d'une voix courroucée : « *Shame ! shame !* (Honte ! honte !) » Ce mot de honte appliqué à une âme naïve et pure comme celle d'un petit enfant, à un être véritablement angélique, me froissait comme une insulte gratuite et cruelle ; le vers de Boileau me revenait sur les lèvres malgré moi :

Tant de fiel entre-t-il dans l'âme des dévots?

Madame Canning n'était pas un Tartuffe femelle, bien certainement. Elle avait des vertus solides, mais elle était dure et pas très-franche. Je l'avais éprouvé par moi-même. Où pouvait-elle avoir puisé dans une âme béate ce flot de reproches amers ou de menaces humiliantes que l'accent de sa voix trahissait à mon oreille ? Je me demandais s'il était possible, à moins qu'on n'eût une âme stupide, de ne pas chérir et admirer sœur Hélène ; et s'il était possible, quand on avait de l'estime et de l'affection pour quelqu'un, de le gronder, de l'humilier, de le faire souffrir à ce point, même pour son bien, même en vue de lui faire faire son salut. « Est-ce une querelle ? est-ce une épreuve ? me disais-je ; si c'est une querelle, elle est ignoble de formes. Si c'est une épreuve, elle est odieuse de cruauté. »

Tout à coup j'entendis des cris (mon imagination troublée me les fit seule entendre peut-être), un vertige passa devant mes yeux, une sueur froide inonda mon corps tremblant : « On la frappe, on la martyrise ! » m'écriai-je.

Que Dieu me pardonne cette pensée, probablement folle et injuste, mais elle s'empara de moi comme une obsession. J'étais dans la grande allée au fond du jardin, torturée par ces bruits confus qui semblaient m'y poursuivre. Je ne fis qu'un bond jusqu'à la cellule de sœur Hélène ; je croirais volontiers que mes pieds ne m'y portaient pas, tant il me sembla voler aussi rapidement que ma pensée. Si je n'avais pas trouvé Hélène dans sa cellule, je crois que j'aurais été la chercher dans celle de la supérieure.

Hélène venait de rentrer : sa figure était bouleversée, son visage inondé de larmes. Mon premier mouvement fut de regarder si elle n'avait pas de traces de violences, si son voile n'était pas déchiré ou ses mains ensanglantées. J'étais devenue tout à coup soupçonneuse comme ceux qui passent subitement d'une confiance aveugle à un doute poignant. Sa robe seule était poudreuse comme si elle eût été jetée par terre, ou comme si elle se fût roulée sur le plancher. Elle me repoussa en me disant : « Ce n'est rien, ce n'est rien ! je suis fort malade, il faut que je me mette au lit ; laissez-moi. »

Je sortis pour lui laisser le temps de se coucher, mais je restai dans le corridor, protégée par l'obscurité, l'oreille collée à la porte. Elle gémissait à me déchirer le cœur. Du côté de la chambre de la supérieure il y avait de l'agitation. On ouvrait et on fermait les portes, j'entendais des frôlements de robes passer non loin de moi. Cette incertitude était fantastique, affreuse. Quand tout fut rentré dans le silence, je revins auprès de la sœur Hélène.

« Je ne dois pas vous interroger, lui dis-je, et je sais que vous ne voudriez pas me répondre ; mais laissez-moi vous assister et vous soigner. » Elle avait la fièvre. disait-elle, mais ses mains étaient glacées, et elle était agitée d'un tremblement nerveux. Elle me demanda seulement à boire ; il n'y avait que de l'eau dans sa cellule. Je courus malgré elle trouver madame Marie-Augustine (Poulette), qui demeurait, je crois, dans le même dortoir [1]. Poulette était l'infirmière en chef, c'est elle qui avait les clefs et la surveillance de la pharmacie. Je lui dis que sœur Hélène était fort malade. Mais quoi! la bonne, la rieuse, la maternelle Poulette haussa les épaules d'un air d'insouciance et me répondit : « Sœur Hélène? bah, bah! elle n'est pas bien malade, elle n'a besoin de rien ! »

Révoltée de cette inhumanité, j'allai trouver la sœur Thérèse, la vieille converse aux alambics, la grande Irlandaise à la cave à la menthe. Elle travaillait aussi à la cuisine ; elle pouvait faire chauffer de l'eau, préparer une tisane. Elle m'accueillit sans plus de sollicitude que Poulette. « *Sister Helen!* dit-elle en riant : « *theis in her bad spirits* [2]. » Elle ajouta pourtant : « Allons, allons, je vais lui faire du tilleul, » et elle se mit à l'œuvre sans se presser et en ricanant toujours. Elle me remit la tisane et

[1] On appelait dortoirs non-seulement la salle commune de la petite classe, mais aussi les corridors longs, étroits et obscurs qui séparaient les doubles rangées de cellules fermées.

[2] Sœur Hélène! elle est dans ses vapeurs. Littéralement : *dans ses mauvais esprits.*

un peu d'eau de menthe en me disant : « Buvez-en aussi, c'est très-bon pour le mal d'estomac et pour la folie. »

Je n'en pus rien tirer autre chose, et je retournai auprès de ma malade, qui était dans le plus complet abandon. Elle grelottait de froid ; j'allai lui chercher la couverture de mon lit, et la tisane chaude la réchauffa un peu. On disait la prière à la classe, on allait se retirer. Je fus demander à la *Comtesse*, qui véritablement ne me refusait jamais rien, la permission de veiller sœur Hélène qui était malade. « Comment ! dit-elle d'un air étonné, sœur Hélène est malade, et il n'y a que vous pour la soigner ? — C'est comme cela, madame ; me le permettez-vous ? — Allez, ma très-chère, répondit-elle, tout ce que vous faites ne peut être que fort agréable à Dieu. » Ainsi me traitait cette ridicule et excellente personne dont je m'étais tant moquée, et qui n'avait souci et rancune d'aucune chose au monde, quand il ne s'agissait pas de son perroquet et du chat de la mère Alippe.

Je restai auprès de sœur Hélène jusqu'au moment où l'on vint fermer les portes de communication des dortoirs. Elle dormait enfin et paraissait tranquille quand je la quittai. Elle avait mortellement souffert pendant quelques heures, et il lui était arrivé de dire en se tordant sur son lit : « On ne peut donc pas mourir ! » Mais pas une plainte contre qui que ce fût ne lui était échappée, et le lendemain je la trouvai au travail, souriante et presque gaie. C'était la bienfaisante mobilité de l'enfant unie à la résignation et au courage d'une sainte.

Cette mystérieuse aventure avait laissé en moi plus de traces qu'en elle ; je vis bien, aux manières des religieuses avec moi et à la liberté qu'on me laissait de la voir à toute heure du jour, que je n'étais pour rien dans l'orage qui avait passé sur sa tête. Mais je n'en restai pas moins pensive et brisée, non pas ébranlée dans ma foi, mais troublée dans mon bonheur et dans ma confiance.

Vers ce même temps, je crois, la mère Alippe mourut d'un catarrhe pulmonaire endémique, qui mit aussi en danger la vie de la supérieure et de plusieurs autres religieuses. Je n'avais jamais été particulièrement liée avec la mère Alippe ; pourtant je l'aimais beaucoup, j'avais pu apprécier, à la petite classe, la droiture et la justice de son caractère. Elle fut fort regrettée, et sa mort presque subite (après quelques jours de maladie seulement) fut accompagnée de circonstances déchirantes. Sa sœur Poulette, qui la soignait et qui avait aussi, comme infirmière, à soigner les autres et la supérieure, montra un courage admirable dans sa douleur, au point de tomber évanouie et comme morte elle-même dans l'infirmerie, au milieu de ses fonctions, le jour de l'enterrement de mère Alippe.

CHAPITRE DEUXIÈME.

Cet enterrement fut beau de tristesse et de poésie : les chants, les larmes, les fleurs, la cérémonie dans le cimetière, les pensées plantées immédiatement sur sa tombe et que nous nous hâtâmes de cueillir pour nous les partager, la douleur profonde et résignée des religieuses, tout sembla donner un caractère de sainteté et comme un charme secret à cette mort sereine, à cette séparation d'un jour, comme disait la bonne et courageuse Poulette.

Mais j'avais été violemment troublée par une circonstance incompréhensible pour moi. Nous avions appris la mort de la mère Alippe le matin en sortant de nos cellules. On s'abordait tristement, on pleurait, on était triste, mais calme, car dès la veille la digne créature était condamnée et était entrée dans son agonie. On nous avait caché cette lutte suprême, mais sans nous laisser d'espoir. Par un sentiment de respect pour le repos de l'enfance, ces tristes heures s'étaient écoulées sans bruit. Nous n'avions entendu ni son de cloche, ni prières des agonisants. Le lugubre appareil de la mort nous avait été voilé. Nous nous mîmes en prières. C'était par une matinée froide et brumeuse. Un jour terne se glissait sur nos têtes inclinées. Tout à coup, au milieu de l'*Ave, Maria,* un cri déchirant, horrible, part du milieu de nous : tout le monde se lève épouvanté. Élisa seule ne se lève pas, elle tombe par terre et se roule, en proie à des convulsions terribles.

Par un effort de sa volonté, elle fut debout pour aller entendre la messe, mais elle y fut reprise des mêmes crises nerveuses, et obligée de sortir. Toute la journée elle fut plus morte que vive ; le lendemain et les jours suivants, il lui échappait un cri strident, au milieu de ses méditations ou de ses études ; elle promenait des yeux hagards autour d'elle, elle était comme poursuivie par un spectre.

Comme elle ne s'expliquait pas, nous attribuâmes d'abord cette commotion physique au chagrin ; mais pourquoi ce chagrin violent, puisqu'elle n'était pas plus liée d'amitié particulière avec la mère Alippe que la plupart d'entre nous? Elle m'expliqua ce qu'elle souffrait aussitôt que nous fûmes seules : sa chambre n'était séparée que par une mince cloison de l'alcôve de la petite infirmerie où la mère Alippe était morte. Pendant toute la nuit, elle avait, pour ainsi dire, assisté à son agonie. Elle n'avait pas perdu un mot, un gémissement de la moribonde, et le râle final avait exercé sur ses nerfs irritables un effet sympathique. Elle était forcée de se faire violence pour ne pas l'imiter en racontant cette nuit d'angoisses et de terreurs. Je fis mon possible pour la calmer ; nous avions une prière à la Vierge qu'elle aimait à dire avec moi dans ses heures de souffrance morale. C'était une prière en anglais qui lui venait de sa chère madame de Borgia et qu'il ne fallait pas dire seule, selon la pensée fraternelle du christianisme primitif, exprimée par cette parole : « Je vous le dis en vérité, là où vous serez trois réunis en mon nom, je serai au milieu de vous. » Faute d'une troisième compagne aussi assidue que nous à ces pratiques d'une dévotion particulière, nous la disions à nous deux. Élisa avait un prie-Dieu dans sa cellule, qui était arrangée comme celle d'une religieuse. Nous allumions un petit cierge de cire bien blanche, au pied duquel nous déposions un bouquet des plus belles fleurs que nous pouvions nous procurer. Ces fleurs et cette cire vierge étaient exclusivement consacrées comme offrandes dans cette prière. Élisa aimait ces pratiques extérieures de la dévotion, elle y attachait de l'importance, elle leur attribuait des influences secrètes pour la guérison des peines morales qu'elle éprouvait souvent. Elle chérissait les formules.

Je pensais bien qu'elle matérialisait un peu son culte, et cela me faisait l'effet d'un amusement naïf et tendre; mais je le partageais par affection pour elle plus que par goût. Je trouvais toujours que la seule vraie prière était l'*oraison mentale*, l'effusion du cœur sans paroles, sans phrases, et même sans idées. Élisa aimait tout dans la dévotion, le fond et la forme. Elle avait le goût des *patenôtres*. Il est vrai qu'elle y savait répandre la poésie qui était en elle.

Néanmoins, l'oraison de madame Borgia ne la

calma qu'un instant, et elle m'avoua qu'elle se sentait assaillie de terreurs involontaires et inexplicables. Le fantôme de la mort s'était dressé devant elle dans toute son horreur ; cette riche et vivante organisation frissonnait d'épouvante devant l'idée de la destruction. A toute heure elle offrait sa vie à Dieu, et certes elle était d'une trempe à ne pas reculer devant la résolution du martyre. Mais la souffrance et la mort, lorsqu'elles se matérialisaient devant ses yeux, ébranlaient trop fortement son imagination ; cette âme si forte avait les nerfs d'une femmelette. Elle se le reprochait et n'y pouvait rien.

Je ne saurais dire pourquoi cela me déplut. J'étais en humeur de désenchantement ; je trouvai étrange et fâcheux que ma sainte Élisa, le type de la force et de la vaillance, fût agitée et troublée devant une chose aussi auguste, aussi solennelle que la mort d'un être sans péché. Je n'avais jamais eu peur de la mort en général. Ma grand'mère me l'avait fait envisager avec un calme philosophique dont je retrouvais l'emploi en face de la mort chrétienne, moins froide et tout aussi sereine que celle du stoïque. Pour la première fois, cela m'apparut comme quelque chose de sombre, à travers l'impression maladive d'Élisa. Tout en la blâmant en moi-même de ne pas l'envisager comme je l'entendais, je sentis sa terreur devenir contagieuse, et, le soir, comme je traversais le dortoir où reposait la morte, j'eus comme une hallucination ; je vis passer devant moi l'ombre de la mère Alippe avec sa robe blanche qu'elle secouait et agitait sur le carreau. J'eus peine à retenir un cri comme ceux que jetait Élisa. Je m'en défendis, mais j'eus honte de moi-même. Je m'accusai de cette vaine terreur comme d'une impiété, et je me sentis presque aussi mécontente d'Élisa que de moi-même.

Au milieu de ces désillusions que je refoulais de mon mieux, la tristesse me prit. Un soir j'entrai dans l'église et ne pus prier. Les efforts que je fis pour ranimer mon cœur fatigué ne servirent qu'à l'abattre davantage. Je me sentais malade depuis quelque temps, j'avais des spasmes d'estomac insupportables, plus de sommeil ni d'appétit. Ce n'est pas à quinze ans qu'on peut supporter impunément les austérités auxquelles je me livrais. Élisa en avait dix-neuf, sœur Hélène en avait vingt-huit. Je faiblissais visiblement sous le poids de mon exaltation. Le lendemain de cette soirée, qui faisait un pendant si affligeant à ma veillée du 4 août, je me levai avec effort ; j'eus la tête lourde et distraite à la prière. La messe me trouva sans ferveur. Il en fut de même le soir. Le jour suivant, je fis de tels efforts de volonté que je ressaisis mon émotion et mes transports. Mais le lendemain fut pire. La période de l'effusion était épuisée, une lassitude insurmontable m'écrasait. Pour la première fois depuis que j'étais dévote, j'eus comme des doutes, non pas sur la religion, mais sur moi-même. Je me persuadai que la grâce m'abandonnait. Je me rappelai cette terrible parole : « *Il y a beaucoup d'appelés, peu d'élus.* » Enfin, je crus sentir que Dieu ne m'aimait plus, parce que je ne l'aimais pas assez. Je tombai dans un morne désespoir.

Je fis part de mon mal à madame Alicia. Elle en sourit et me voulut démontrer que c'était une mauvaise disposition de santé, à l'effet de laquelle il ne fallait pas attacher trop d'importance.

« Tout le monde est sujet à ces défaillances de l'âme, me dit-elle. Plus vous vous en tourmenterez, plus elles augmenteront. Acceptez-les en esprit d'humilité, et priez pour que cette épreuve finisse ; mais si vous n'avez commis aucune faute grave, dont cette langueur soit le juste châtiment, patientez, espérez et priez ! »

Ce qu'elle me disait là était le fruit d'une grande expérience philosophique et d'une raison éclairée. Mais ma faible tête ne sut pas en profiter. J'avais goûté trop de joie dans ces ardeurs de la dévotion pour me résigner à en attendre paisiblement le retour. Madame Alicia m'avait dit : « *Si vous n'avez pas commis quelque faute grave !* » Me voilà cherchant la faute que j'avais pu commettre; car de supposer Dieu assez fantasque et assez cruel pour me retirer la grâce sans autre motif que celui de m'éprouver, je n'y pouvais consentir. « Qu'il m'éprouve dans ma vie extérieure, je le conçois, me disais-je; on accepte, on cherche le martyre; mais pour cela la grâce est nécessaire, et s'il m'ôte la grâce, que veut-il donc que je fasse? Je ne puis rien que par lui, s'il m'abandonne, est-ce ma faute? »

Ainsi je murmurais contre l'objet de mon adoration, et comme une amante jalouse et irritée, je lui eusse volontiers adressé d'amers reproches. Mais je frissonnais devant ces instincts de rébellion, et, me frappant la poitrine : « Oui, me disais-je, il faut que ce soit ma faute. Il faut que j'aie commis un crime et que ma conscience endurcie ou hébétée ait refusé de m'avertir. »

Et me voilà épluchant ma conscience et cherchant mon péché avec une incroyable rigueur envers moi-même, comme si l'on était coupable quand on cherche ainsi sans pouvoir rien trouver! Alors je me persuadai qu'une suite de péchés véniels équivalait à un péché mortel, et je cherchai de nouveau cette quantité de péchés véniels que j'avais dû commettre, que je commettais sans doute à toute heure, sans m'en rendre compte, puisqu'il est écrit que le juste pèche *sept fois par jour*, et que le chrétien humble doit se dire qu'il pèche jusqu'à *septante fois sept fois*.

Il y avait peut-être eu beaucoup d'orgueil dans

mon enivrement. Il y eut excès d'humilité dans mon retour sur moi-même. Je ne savais rien faire à demi. Je pris la funeste habitude de scruter en moi les petites choses. Je dis funeste, parce qu'on n'agit pas ainsi sur sa propre individualité sans y développer une sensibilité déréglée, et sans arriver à donner une importance puérile aux moindres mouvements du sentiment, aux moindres opérations de la pensée. De là à la disposition maladive qui s'exerce sur les autres et qui altère les rapports de l'affection par une susceptibilité trop grande et par une secrète exigence, il n'y a qu'un pas, et si un jésuite vertueux n'eût été à cette époque le médecin de mon âme, je serais devenue insupportable aux autres comme je l'étais déjà à moi-même.

Pendant un mois ou deux, je vécus dans ce supplice de tous les instants, sans retrouver la grâce : c'est-à-dire la juste confiance qui fait que l'on se sent véritablement assisté de l'esprit divin. Ainsi tout mon pénible travail pour retrouver la grâce ne servait qu'à me la faire perdre davantage. J'étais devenue ce qu'en style de dévots on appelait *scrupuleuse*.

Une dévote tourmentée de scrupules de conscience devenait misérable. Elle ne pouvait plus communier sans angoisses, parce que, entre l'absolution et le sacrement, elle ne se pouvait préserver de la crainte d'avoir commis un péché. Le péché véniel ne fait pas perdre l'absolution ; un acte fervent de contrition en efface la souillure et permet d'approcher de la sainte table; mais si le péché est mortel, il faut ou s'abstenir, ou commettre un sacrilége. Le remède, c'est de recourir bien vite au directeur, ou, à son défaut, au premier prêtre qui se peut trouver, pour obtenir une nouvelle absolution ! Sot remède, abus véritable d'une institution dont la pensée primitive fut grande et sainte, et qui pour les dévots devient un commérage, une taquinerie puérile, une obsession auprès du Créateur rabaissé au niveau de la créature inquiète et jalouse. Si un péché mortel avait été commis au moment ou seulement à la veille de la communion, ne faudrait-il pas s'abstenir et attendre une plus longue expiation, une plus difficile réconciliation que celles qui s'opèrent, en cinq minutes de confession, entre le prêtre et le pénitent ? Ah ! les premiers chrétiens ne l'eussent pas entendu ainsi, eux qui faisaient à la porte du temple une confession publique avant de se croire lavés de leurs fautes, eux qui se soumettaient à des épreuves terribles, à des années de pénitence. Ainsi entendue, la confession pouvait et devait transformer un être, et faire surgir véritablement l'homme nouveau de la dépouille du vieil homme. Le vain simulacre de la confession secrète, la courte et banale exhortation du prêtre, cette niaise pénitence qui consiste à dire quelque prière, est-ce là l'institution pure, efficace et solennelle des premiers temps ?

La confession n'a plus qu'une utilité sociale fort restreinte, parce que le secret qui s'y est glissé a ouvert la porte à plus d'inconvénients que d'avantages pour la sécurité et la dignité des familles. Devenue une vaine formalité pour permettre l'approche des sacrements, elle n'imprime point au croyant un respect assez profond et un repentir assez durable. Son effet est à peu près nul sur les chrétiens tièdes et tolérants. Il est grand, au contraire, sur les fervents ; mais c'est à titre de directeur de conscience, et non comme confesseur, que le prêtre agit réellement sur ces esprits-là. Cela est si vrai, qu'on voit souvent ces deux fonctions distinctes et remplies par deux personnes différentes. Dans cette situation, le confesseur est effacé, puisque le directeur décide de ce qui doit lui être révélé. Il est comme l'infirmier à qui le médecin en chef abandonne et prescrit les soins vulgaires. De toute main l'absolution est bonne, mais le directeur a seul le secret de la maladie et la science de la guérison.

L'ascendant du confesseur n'est donc réel que lorsqu'il est en même temps le directeur de la conscience. Pour cela il faut qu'il connaisse l'individu et qu'il le choye ou le guide assidûment : c'est alors que le prêtre devient le véritable chef de la famille, et c'est presque toujours par la femme qu'il règne, comme l'a si bien démontré M. Michelet dans un beau livre terrible de vérité. Pourtant, quand le prêtre et le pénitent sont sincères, la confession peut être encore secourable, mais la faiblesse humaine, l'esprit dominateur et intrigant du clergé, la foi perdue au sein de l'Église, plus encore que dans celui de la femme, ont assez prouvé que les bienfaits de cette institution détournée de son but et dénaturée par le laisser aller des siècles sont devenus exceptionnels, tandis que ses dangers et le mal produit habituellement sont immenses.

J'en parle par esprit de justice et d'examen, mon expérience personnelle me conduirait à d'autres conclusions, si je me renfermais dans ma personnalité pour juger le reste du monde. J'eus le bonheur de rencontrer un digne prêtre, qui fut longtemps pour moi un ami tranquille, un conseiller fort sage. Si j'avais eu affaire à un fanatique, je serais morte ou folle, comme je l'ai déjà dit ; à un imposteur, je serais peut-être athée, du moins j'aurais pu l'être par réaction pendant un temps donné.

L'abbé de Prémord fut pendant quelque temps la dupe généreuse de mes confessions. Je m'accusais de froideur, de relâchement, de dégoût, de sentiments impies, de tiédeur dans mes exercices de piété, de paresse à la classe, de distraction à l'église, de désobéissance par conséquent, et cela, disais-je, toujours, à toute heure, sans contrition efficace, sans progrès dans ma conversion, sans force pour arriver à la victoire. Il me grondait bien doucement, me prêchait la persévérance et me renvoyait en disant : « Allons, espérons, ne vous découragez pas ; vous avez du repentir, donc vous triompherez. »

Enfin, un jour que je m'accusais plus énergiquement encore, et que je pleurais amèrement, il m'interrompit au beau milieu de ma confession avec la brusquerie d'un brave homme ennuyé de perdre son temps. « Tenez, me dit-il, je ne vous comprends plus et j'ai peur que vous n'ayez l'esprit malade. Voulez-vous m'autoriser à m'informer de votre conduite auprès de la supérieure ou de telle personne que vous me désignerez? — Qu'apprendrez-vous par là? lui dis-je. Des personnes indulgentes et qui me chérissent vous diront que j'ai les apparences de la vertu; mais si le cœur est mauvais et l'âme égarée, moi seule puis en être juge, et le bon témoignage que l'on vous portera de moi ne me rendra que plus coupable. — Vous seriez donc hypocrite? reprit-il. Eh non, c'est impossible! Laissez-moi m'informer de vous. J'y tiens essentiellement. Revenez à quatre heures, nous causerons. »

Je crois qu'il vit la supérieure et madame Alicia.

Quand je fus le retrouver, il me dit en souriant :
« Je savais bien que vous étiez folle, et c'est de
cela que je veux vous gronder. Votre conduite est
excellente, vos dames en sont enchantées ; vous êtes
un modèle de douceur, de ponctualité, de piété sincère ; mais vous êtes malade, et cela réagit sur votre imagination : vous devenez triste, sombre et
comme extatique. Vos compagnes ne vous reconnaissent plus, elles s'étonnent et vous plaignent.
Prenez-y garde, si vous continuez ainsi, vous ferez
haïr et craindre la piété, et l'exemple de vos souffrances et de vos agitations empêchera plus de conversions qu'il n'en attirera. Vos parents s'inquiètent de votre exaltation. Votre mère pense que le
régime du couvent vous tue ; votre grand'mère
écrit qu'on vous fanatise et que vos lettres se ressentent d'un grand trouble dans l'esprit. Vous savez
bien qu'au contraire on cherche à vous calmer.
Quant à moi, à présent que je sais la vérité, j'exige
que vous sortiez de cette exagération. Plus elle est
sincère, plus elle est dangereuse. Je veux que vous
viviez pleinement et librement de corps et d'esprit ;
et comme dans la maladie des *scrupules* que vous
avez il entre beaucoup d'orgueil à votre insu sous
forme d'humilité, je vous donne pour pénitence de
retourner aux jeux et aux amusements innocents de
votre âge. Dès ce soir, vous courrez au jardin
comme les autres, au lieu de vous prosterner à l'é-

glise en guise de récréation. Vous sauterez à la corde, vous jouerez aux barres. L'appétit et le sommeil vous reviendront vite, et quand vous ne serez plus malade physiquement, votre cerveau appréciera mieux ces prétendues fautes dont vous croyez devoir vous accuser. — O mon Dieu ! m'écriai-je, vous m'imposez là une plus rude pénitence que vous ne pensez. J'ai perdu le goût du jeu et l'habitude de la gaieté. Mais je suis d'un esprit si léger, que si je ne m'observe à toute heure, j'oublierai Dieu et mon salut. — Ne croyez pas cela, reprit-il. D'ailleurs, si vous allez trop loin, votre conscience, qui aura recouvré la santé, vous avertira à coup sûr, et vous écouterez ses reproches. Songez que vous êtes malade, et que Dieu n'aime pas les élans fiévreux d'une âme en délire. Il préfère un hommage pur et soutenu. Allons, obéissez à votre médecin. Je veux que dans huit jours on me dise qu'un grand changement s'est opéré dans votre air et dans vos manières. Je veux que vous soyez aimée et écoutée de toutes vos compagnes, non pas seulement de celles qui sont sages, mais encore (et surtout) de celles qui ne le sont pas. Faites-leur connaître que l'amour du devoir est une douce chose, et que la foi est un sanctuaire d'où l'on sort avec un front serein et une âme bienveillante. Rappelez-vous que Jésus voulait que ses disciples eussent les mains lavées et la chevelure parfumée. Cela voulait dire, n'imitez pas ces fanatiques et ces hypocrites qui se couvrent de cendres et qui ont le cœur impur comme le visage : soyez agréables aux hommes, afin de leur rendre agréable la doctrine que vous professez. Eh bien, mon enfant, il s'agit pour vous de ne pas enterrer votre cœur dans les cendres d'une pénitence mal entendue. Parfumez ce cœur d'une grande aménité et votre esprit d'un aimable enjouement. C'était votre naturel, il ne faut pas qu'on pense que la piété rend l'humeur farouche. Il faut que l'on aime Dieu dans ses serviteurs. Allons, faites votre acte de contrition, et je vous donnerai l'absolution. — Quoi ! mon père, lui dis-je, je me distrairai, je me dissiperai ce soir, et vous voulez que je communie demain ? — Oui vraiment, je le veux, reprit-il, et puisque je vous ordonne de vous amuser par pénitence, vous aurez accompli un devoir. — Je me soumets à tout si vous me promettez que Dieu m'en saura gré et qu'il me rendra ces doux transports, ces élans spirituels qui me faisaient sentir et savourer son amour. — Je ne puis vous le promettre de sa part, dit-il en souriant, mais je vous en réponds, vous verrez. »

Et le bonhomme me congédia, stupéfaite, bouleversée, effrayée de son ordonnance. J'obéis cependant, l'obéissance passive étant le premier devoir du chrétien, et je reconnus bien vite qu'il n'est pas fort difficile à quinze ans de reprendre goût à la corde et aux balles élastiques. Peu à peu je me remis au jeu avec complaisance, et puis avec plaisir, et puis avec passion, car le mouvement physique était un besoin de mon âge, de mon organisation, et j'en avais été trop longtemps privée pour n'y pas trouver un attrait nouveau.

Mes compagnes revinrent à moi avec une grâce extrême, ma chère Fannelly la première, et puis Pauline, et puis Anna, et puis toutes les autres, les diables comme les sages. En me voyant si gaie, on crut un instant que j'allais redevenir terrible. Élisa m'en gronda un peu, mais je lui racontai, ainsi qu'à celles qui recherchaient et méritaient ma confiance, ce qui s'était passé entre l'abbé de Prémord et moi, et ma gaieté fut acceptée comme légitime et même comme méritoire.

Tout ce que mon bon directeur m'avait prédit m'arriva. Je recouvrai promptement la santé physique et morale. Le calme se fit dans mes pensées; en interrogeant mon cœur, je le trouvai si sincère et si pur que la confession devint une courte formalité destinée à me donner le plaisir de communier. Je goûtai alors l'indicible bien-être que l'esprit jésuitique sait donner à chaque nature selon son penchant et sa portée. Esprit de conduite admirable dans son intelligence du cœur humain et dans les résultats qu'il pourrait obtenir pour le bien, si, comme l'abbé de Prémord, tout homme qui le professe et le répand avait l'amour du bien et l'horreur du mal ; mais les remèdes deviennent des poisons dans certaines mains, et le puissant levier de l'école jésuitique a semé la mort et la vie avec une égale puissance dans la société et dans l'Église.

Il se passa alors environ six mois qui sont restés dans ma mémoire comme un rêve, et que je ne demande qu'à retrouver dans l'éternité pour ma part de paradis. Mon esprit était tranquille. Toutes mes idées étaient riantes. Il ne poussait que des fleurs dans mon cerveau, naguère hérissé de rochers et d'épines. Je voyais à toute heure le ciel ouvert devant moi, la Vierge et les anges me souriaient en m'appelant; vivre ou mourir m'était indifférent. L'empyrée m'attendait avec toutes ses splendeurs, et je ne sentais plus en moi un grain de poussière qui pût ralentir le vol de mes ailes. La terre était un lieu d'attente où tout m'aidait et m'invitait à faire mon salut. Les anges me portaient sur leurs mains, comme le prophète, pour empêcher que, dans la nuit, *mon pied ne heurtât la pierre du chemin.* Je ne priais plus autant que par le passé, cela m'était défendu ; mais chaque fois que je priais, je retrouvais mes élans d'amour, moins impétueux peut-être, mais mille fois plus doux. La coupable et sinistre pensée du courroux du Père céleste et de l'indifférence de Jésus ne se présentait plus à moi. Je communiais tous les dimanches et à toutes les fêtes, avec une incroyable sérénité de cœur et d'esprit. J'étais libre comme l'air dans cette douce et vaste prison du couvent. Si j'avais demandé la clef des souterrains on me l'eût donnée. Les religieuses me gâtaient comme leur enfant chéri, ma bonne Alicia, ma chère Hélène, madame Eugénie, Poulette, la sœur Thérèse, madame Anne-Joseph, la supérieure, Élisa, et les anciennes pensionnaires, et les nouvelles, et la grande et la petite classe, *je traînais tous les cœurs après moi*. Tant il est facile d'être parfaitement aimable quand on se sent parfaitement heureux.

Mon retour à la gaieté fut comme une résurrection pour la grande classe. Depuis ma conversion la diablerie n'avait plus battu que d'une aile. Elle se réveilla sous une forme tout à fait inattendue; on devint anodin, diable à l'eau de rose, c'est-à-dire franchement espiègle, sans esprit de révolte, sans rupture avec le devoir. On travailla aux heures de travail, on rit et on joua aux heures de récréation comme on n'avait jamais fait. Il n'y eut plus de coteries, plus de camps séparés entre les diables, les sages et les bêtes. Les diables se radoucirent, les sages s'égayèrent, les bêtes prirent du jugement et de la confiance, parce qu'on sut les utiliser et les divertir.

Ce grand progrès dans les mœurs du couvent se fit au moyen des amusements en commun. Nous imaginâmes, entre cinq ou six de la grande classe, d'improviser des charades ou plutôt de petites comédies, arrangées d'avance par *scénarios* et débitées d'abondance. Comme j'avais, grâce à ma grand'-mère, un peu plus de littérature que mes camarades et une sorte de facilité à mettre en scène des caractères, je fus l'auteur de la troupe. Je choisis mes acteurs, je commandai les costumes ; je fus fort bien secondée et j'eus des sujets très-remarquables. Le fond de la classe, donnant sur le jardin, devint théâtre aux heures permises. Nos premiers essais furent comme le début de l'art à son enfance ; la Comtesse les toléra d'abord, puis elle y prit plaisir, et engagea madame Eugénie et madame Françoise à venir voir s'il n'y avait rien d'illicite dans ce divertissement. Ces dames rirent et approuvèrent.

Il se fit rapidement de grands progrès dans nos représentations. On nous prêta de vieux paravents pour faire nos coulisses. Les accessoires nous vinrent de toutes parts. Chacune apporta de chez ses parents des matériaux pour les costumes. La difficulté était de s'habiller en homme. La pudeur et les nonnes ne l'eussent pas souffert. J'imaginai le costume Louis XIII, qui conciliait la décence et la possibilité de s'arranger. Nos jupes froncées en bas jusqu'à mi-jambes formèrent les hauts-de-chausses ; nos corsages mis sens devant derrière, un peu arrangés et ouverts sur des mouchoirs froncés en devant de chemise et en crevés de manches, formèrent les pourpoints. Deux tabliers cousus ensemble firent des manteaux. Les rubans, perruques, chapeaux et fanfreluches ne furent pas difficiles à se procurer. Quand on manquait de plumes, on en faisait en papier découpé et frisé. Les pensionnaires sont adroites, inventives et savent tirer parti de tout. On nous permit les bottes, les épées et les feutres. Les parents en fournirent. Bref, les costumes furent satisfaisants, et l'on fut indulgent pour la mise en scène. On voulut bien prendre une grande table pour un pont et un escabeau couvert d'un tapis vert pour un banc de gazon.

On permit à la petite classe de venir assister à nos représentations, et on enrôla quiconque voulut s'engager. La supérieure, qui aimait beaucoup à s'amuser, nous fit dire enfin un beau jour qu'elle avait ouï conter des merveilles de notre théâtre et qu'elle désirait y assister avec toute la communauté. Déjà la Comtesse et madame Eugénie avaient prolongé la récréation jusqu'à dix heures, et puis jusqu'à onze les jours de spectacle. La supérieure la prolongea pour le jour en question jusqu'à minuit : c'est-à-dire qu'elle voulut un divertissement complet. Sa demande et sa permission furent accueillies avec transport. On se précipita sur moi : « Allons, *l'auteur*, allons, *boute en train* (c'était le dernier surnom qu'on m'avait donné), à l'œuvre ! Il nous faut un spectacle admirable ; il nous faut six actes, en deux ou trois pièces. Il faut tenir notre public en haleine depuis huit heures jusqu'à minuit. C'est ton affaire, nous t'aiderons pour tout le reste ; mais pour cela, nous ne comptons que sur toi. »

La responsabilité qui pesait sur moi était grave. Il fallait faire rire la supérieure, mettre en gaieté les plus graves personnes de la communauté ; et pourtant il ne fallait pas aller trop loin, la moindre légèreté pouvait faire crier au scandale et faire fermer le théâtre. Quel désespoir pour mes compagnes ! Si j'ennuyais seulement, le théâtre pouvait être également fermé sous prétexte de trop de désordre dans les récréations du soir et de dissipation dans les études du jour, et le prétexte n'eût point été spécieux : car il est bien certain que ces divertissements montaient beaucoup de jeunes têtes, à la petite classe surtout.

Heureusement je connaissais assez bien mon Molière, et en retranchant les amoureux on pouvait trouver encore assez de scènes comiques pour défrayer toute une soirée. *Le Malade imaginaire* m'offrit un scénario complet. Du dialogue et de l'enchaînement des scènes je ne pouvais avoir un souvenir exact. Molière était défendu au couvent, comme bien l'on pense, et tout directeur de théâtre que j'étais, je n'en étais pas moins vertueuse. Je me rappelai pourtant assez la donnée principale pour ne pas trop m'écarter de l'original dans mon scénario ; je soufflai à mes actrices les parties importantes du dialogue, et je leur communiquai assez de la couleur de l'ensemble. Pas une n'avait lu Molière, pas une de nos religieuses n'en connaissait une ligne. J'étais donc bien sûre que ma pièce aurait pour toutes l'attrait de la nouveauté. Je ne sais plus par qui furent remplis les rôles, mais ils le furent tous avec beaucoup d'intelligence et de gaieté. Je retranchai du mien, moitié par oubli, moitié à dessein, beaucoup de crudités médicales, car je faisais monsieur Purgon. Mais, à peine eus-je commencé à faire agir et parler mon monde, à peine eus-je débité quelques phrases que je vis la supérieure éclater de rire, madame Eugénie s'essuyer les yeux et toute la communauté se dérider.

Tous les ans, à la fête de la supérieure, on lui jouait la comédie avec beaucoup plus de soin et de pompe que ce que nous faisions là. On dressait alors un véritable théâtre. Il y avait un magasin de décors *ad hoc,* une rampe, un tonnerre, des rôles appris par cœur et admirablement joués. Mais les représentations n'étaient point gaies ; c'étaient toujours les petits drames larmoyants de madame de Genlis. Moi, avec mes paravents, mes bouts de chandelle, mes actrices recrutées de confiance parmi

CHAPITRE DEUXIÈME.

celles que leur instinct poussait à s'offrir ; avec mon *scénario* bâti de mémoire, notre dialogue improvisé et une répétition pour toute préparation, je pouvais arriver à un *fiasco* complet. Il n'en fut point ainsi. La gaieté, la verve, le vrai comique de Molière, même récité par bribes et représenté par fragments incomplets, enlevèrent l'auditoire. Jamais de mémoire de nonne on n'avait ri de si bon cœur.

Ce succès obtenu dès les premières scènes nous encouragea. J'avais préparé pour intermède une scène de *matassins* avec une poursuite bouffonne empruntée à *Monsieur de Pourceaugnac*. Seulement, j'avais dit à mes actrices de se tenir dans les coulisses, c'est-à-dire derrière les paravents, et de n'exhiber les armes que si j'entrais moi-même en scène pour leur en donner l'exemple. Quand je vis qu'on était en humeur de tout accepter, je changeai vite de costume, et, faisant l'apothicaire, je commençai l'intermède, en brandissant l'instrument classique au-dessus de ma tête. Je fus accueillie par des rires homériques. On sait que ce genre de plaisanterie n'a jamais scandalisé les dévots. Aussitôt mon régiment noir à tabliers blancs s'élança sur la scène, et cette exhibition burlesque (Poulette nous avait prêté tout l'arsenal de l'infirmerie) mit la communauté de si belle humeur que je pensai voir crouler la salle.

La soirée fut terminée par la cérémonie de réception, et comme je savais par cœur tous les vers, on avait pu les apprendre. Le succès fut complet, l'enthousiasme porté au comble. Ces dames, à force de réciter des offices en latin, en savaient assez pour apprécier le comique du latin bouffon de Molière. La supérieure se déclara divertie au dernier point, et je fus accablée d'éloges pour mon esprit et la gaieté de mes inventions. Je me tuais de dire tout bas à mes compagnes : « Mais c'est du Molière, et je n'ai fait merveille que de mémoire. » On ne m'écoutait pas, on ne voulait pas me croire. Une seule, qui avait lu Molière aux dernières vacances, me dit tout bas : « Tais-toi ! il est fort inutile de dire à ces dames où tu as pris tout cela. Peut-être qu'elles feraient fermer le théâtre si elles savaient que nous leur donnons du Molière. Et puisque rien ne les a choquées, il n'y a aucun mal à ne leur rien dire, si elles ne te questionnent pas. »

En effet, personne ne songea à douter que l'esprit de Molière fût sorti de ma cervelle. J'eus un instant de scrupule d'accepter tous ces compliments. Je me tâtai pour savoir si ma vanité n'y trouvait pas son compte ; je m'aperçus que c'était tout le contraire, et qu'à moins d'être fou, on ne pouvait que souffrir en se voyant décerner l'hommage dû à un autre. J'acceptai cette mortification par dévouement pour mes compagnes, et le théâtre continua à prospérer et à attirer la supérieure et les religieuses le dimanche.

Ce fut une suite de pastiches puisés dans tous les tiroirs de ma mémoire et arrangés selon les moyens et les convenances de notre théâtre. Cet amusement eut l'excellent résultat d'étendre le cercle des relations et des amitiés entre nous. La camaraderie, le besoin de s'aimer les unes les autres pour se divertir en commun, engendrèrent la bienveillance, la condescendance, une indulgence mutuelle, l'absence de toute rivalité. Enfin le besoin d'aimer, si naturel aux jeunes cœurs, forma autour de moi un groupe qui grossissait chaque jour et qui se composa bientôt de tout le couvent, religieuses et pensionnaires, grande et petite classe. Je puis rappeler sans vanité ce temps où je fus l'objet d'un engouement inouï dans les fastes du couvent, puisque ce fut l'ouvrage de mon confesseur et le résultat de la dévotion tendre, expansive et riante où il m'avait entraînée.

On me savait un gré infini d'être dévote, complaisante et amusante. La gaieté se communiqua aux caractères les plus concentrés, aux dévotions les plus mélancoliques. Ce fut à cette époque que je contractai une tendre amitié avec Jane Bazoini, un petit être pâle, réservé, doux, malingre en apparence, mais qui a vécu pourtant sans maladie et à qui ses beaux grands yeux noirs, d'une finesse lente et bonne, et son petit sourire d'enfant tenaient lieu de beauté. C'était, ce sera toujours une créature adorable que Jane. C'était la bonté, le dévouement, l'obligeance infatigables de Fannelly avec la piété austère et ferme d'Élisa, le tout couronné d'une grâce calme et modeste qui ne pouvait se comparer qu'à Jane elle-même.

Elle avait deux sœurs plus belles et plus brillantes qu'elle : Chérie, qui était la plus jolie, la plus vivante et la plus recherchée des trois pour la séduction de ses manières, pauvre charmante fille qui est morte deux ans après; Aimée, qui était belle de distinction et d'intelligence, et qui a traversé une jeunesse maladive pour épouser M. d'Héliaud à vingt-sept ans. Aimée était à tous égards une personne supérieure. Ses manières étaient froides, mais son cœur était affectueux, et son intelligence la rendait propre à tous les arts, où elle excellait sans efforts et sans passion apparente.

Ces trois sœurs étaient en chambre avec une gouvernante pour les soigner, mais elles suivaient les classes et les prières comme nous. On jalousait l'amitié de Chérie et d'Aimée. Jane n'avait d'amies que ses sœurs. Elle était trop timide et trop réservée pour en rechercher d'autres. Cette modestie me toucha, et je vis bientôt que ce n'était pas la froideur et la stupidité qui causaient son isolement. Elle était tout aussi intelligente, tout aussi instruite et beaucoup plus aimante que ses sœurs. Je découvris en elle un trésor de bienveillance et de tendresse calme et durable. Nous avons été intimement liées jusqu'en 1831. Je dirai plus tard pourquoi, sans cesser de l'aimer comme elle le mérite, j'ai cessé de la voir sans lui en dire la raison.

Ma petite Jane montra dans nos amusements qu'elle était aussi capable de gentillesse et de gaieté que les plus brillantes d'entre nous. Une fois même elle fut punie du bonnet de nuit par la Comtesse, qui ne prenait pas toujours en bonne part nos espiègleries; car la gaieté montait tous les jours d'un cran, et les plus roides s'y laissaient entraîner. Je me rappelle que cela était devenu pour moi, pour tout le monde, une commotion électrique et comme irrésistible. Certes, je m'abstenais désormais de tourner la pauvre Comtesse en ridicule, et je faisais mon possible pour l'épargner quand les autres s'en mêlaient. Mais quand, pour la centième fois, elle se laissait prendre à la bougie de pomme qu'Anna ou Pauline plaçaient dans sa lanterne, et lorsqu'elle disait une parole pour l'autre avec le sang-froid d'une personne parfaitement distraite, en voyant toute la classe partir d'un seul éclat de rire, il me fallait en faire autant. Alors elle se tournait vers moi d'un air de détresse, et comme Jules César à Brutus, elle me disait, en se drapant dans son grand châle vert : « Et vous aussi, Aurore ! » J'aurais bien voulu me repentir, mais elle avait une manière de prononcer les *e* muets qui sonnait comme un *o*. Anna la contrefaisait admirablement, et se tournant vers moi, elle me criait : « *Auroro, Auroro!* » Je n'y pouvais tenir, le rire devenait nerveux. J'aurais ri dans le feu, comme on disait.

La gaieté alla si loin que quelques cervelles échauffées la firent tourner en révolte. C'était à une époque de la restauration où il y eut comme une épidémie de rébellion dans tous les lycées, dans les pensions et même dans les établissements de notre sexe. Comme ces nouvelles nous arrivaient coup sur coup, avec le récit de circonstances tantôt graves, tantôt plaisantes, les plus vives d'entre nous disaient : « Est-ce que nous n'aurons pas aussi notre petite révolte? Nous serons donc les seules qui ne suivrons pas la mode? Nous n'aurons donc pas notre petite note dans les journaux? »

La Comtesse émue devenait plus sévère parce qu'elle avait peur. Nos bonnes religieuses, quelques-unes du moins, avaient des figures allongées, et pendant trois ou quatre jours (je crois que nos voisins les Écossais avaient fait aussi leur insurrection) il y eut une sorte de méfiance et de terreur qui nous divertissait beaucoup. Alors on s'imagina de faire semblant de se révolter pour voir la frayeur de ces dames, celle de la Comtesse surtout. On ne m'en fit point part; on était si bon pour moi qu'on ne voulait pas me mettre aux prises avec ma conscience, et on comptait bien m'entraîner dans le rire général quand l'affaire éclaterait.

Il en fut ainsi : un soir, à la classe, comme nous étions toutes assises autour d'une longue table, la Comtesse au bout, raccommodant ses nippes à la clarté des chandelles, j'entends ma voisine dire à sa voisine : « *Exhaussons!* » Le mot fait le tour de la table, qui, enlevée aussitôt par trente paires de petites mains, s'élève et s'exhausse en effet jusqu'au-dessus de la tête de la Comtesse. Fort distraite comme d'habitude, la Comtesse s'étonne de l'éloignement de la lumière; mais au moment où elle lève la tête, la table et les lumières s'abaissent et reprennent leur niveau. On recommença plusieurs fois le même tour sans qu'elle s'en rendît compte. C'était à peu près la scène du niais au logis de la sorcière, dans les *Pilules du Diable*. Je trouvai la chose si plaisante que je ne me fis pas grand scrupule de recevoir le mot d'ordre et d'*exhausser* comme les autres. Mais enfin la Comtesse s'aperçut de nos sottises et se leva furieuse. Il était convenu qu'on ferait aussitôt des mines de mauvais garçons pour l'effrayer. Chacune se pose en conspirateur, les bras croisés, le sourcil froncé, et des chuchotements font entendre autour d'elle le mot terrible de *révolte*. La Comtesse était incapable de tenir tête à l'orage. Persuadée que le moment fatal est venu, elle s'enfuit en faisant flotter son grand châle comme une mouette qui étend ses ailes et qui prend son vol à travers les tempêtes.

Elle avait perdu l'esprit ; elle traversa le jardin pour se réfugier et se barricader dans sa chambre. Pour augmenter sa terreur, nous jetâmes les flambeaux, les chandelles et les tabourets par la fenêtre au moment où elle passait. Nous ne voulions ni ne pouvions l'atteindre ; mais ce vacarme, accompagné des cris : « Révolte ! révolte ! » pensa la faire mourir de peur. Pendant une heure nous fûmes livrées à nous-mêmes et à nos rires inextinguibles, sans que personne osât venir rétablir l'ordre. Enfin nous entendîmes de loin la grosse voix de la supérieure qui arrivait avec un bataillon de doyennes. C'était à notre tour d'avoir peur, car la supérieure était aimée, et comme on n'avait voulu que faire semblant de se révolter, il en coûtait d'être grondées et punies comme pour une révolte véritable. Aussitôt on court fermer au verrou les portes de la classe et de l'avant-classe ; on se hâte de ranger tout, on repêche les tabourets et les flambeaux, on rajuste et on rallume les chandelles ; puis, quand tout est en ordre, tout le monde se met à genoux et on commence tout haut la prière du soir, tandis qu'une de nous rouvre les portes au moment où la supérieure s'y présente, après quelque hésitation.

La Comtesse fut regardée comme une folle et

comme une visionnaire, et Marie-Josèphe, la servante qui rangeait la classe le matin, et qui était la meilleure du monde, ne se plaignit pas de la fracture de quelques meubles et de quelques chandelles. Elle nous garda le secret, et là finit notre révolution.

Tout allait le mieux du monde; le carnaval arrivait, et nous préparions une soirée de comédie comme jamais nous n'avions encore espéré de la réaliser. Je ne sais plus quelle pièce de Molière ou de Regnard j'avais mise en canevas. Les costumes étaient prêts, les rôles distribués, le violon engagé. Car ce jour-là nous avions un violon, un bal, un souper, et toute la nuit pour nous divertir à discrétion.

Mais un événement politique, qui devait naturellement retentir comme une calamité publique dans un couvent, vint faire rentrer les costumes au magasin et la gaieté dans les cœurs.

Le duc de Berry fut assassiné à la porte de l'*Opéra* par *Louvel*. Crime isolé, fantasque comme tous les actes de délire sanguinaire, et qui servit de prétexte à des persécutions, ainsi qu'à un revirement subit dans l'esprit du règne de Louis XVIII.

Cette nouvelle nous fut apportée le lendemain matin, et commentée par nos religieuses d'une manière saisissante et dramatique. Pendant huit jours on ne s'entretint pas d'autre chose, et les moindres détails de la mort chrétienne du prince, le désespoir de sa femme, qui coupa, disait-on, ses blonds cheveux sur sa tombe; toutes les circonstances de cette tragédie royale et domestique, rapportées, embellies, amplifiées et poétisées par les journaux royalistes et les lettres particulières, défrayèrent nos récréations de soupirs et de larmes. Presque toutes nous appartenions à des familles nobles, royalistes, ou bonapartistes ralliées. Les Anglaises, qui étaient en majorité, prenaient part au deuil royal par principes, et d'ailleurs le récit d'une mort tragique et les larmes d'une illustre famille étaient émouvants pour nos jeunes imaginations comme une pièce de Corneille ou de Racine. On ne nous disait pas que le duc de Berry avait été un peu brutal et débauché, on nous le peignait comme un héros, comme un second Henri IV, sa femme comme une sainte, et le reste à l'avenant.

Moi seule peut-être je luttais contre l'entraînement général. J'étais restée bonapartiste et je ne m'en cachais pas, sans cependant me prendre de dispute avec personne à ce sujet.

Dans ce temps-là, quiconque était bonapartiste était traité de libéral. Je ne savais ce que c'était que le libéralisme; on me disait que c'était la même chose que le jacobinisme, que je connaissais encore moins. Je fus donc émue quand on me répéta sur tous les tons : « Qu'est-ce qu'un parti qui prêche, commet et préconise l'assassinat? — S'il en est ainsi, répondis-je, je suis tout ce qu'il vous plaira, excepté libérale, » et je me laissai attacher au cou je ne sais plus quelle petite médaille frappée en l'honneur du duc de Berry, qui était devenue comme un ordre pour tout le couvent.

Huit jours de tristesse, c'est bien long pour un couvent de jeunes filles. Un soir, je ne sais qui fit une grimace, une autre sourit, une troisième dit un bon mot, et voilà le rire qui fait le tour de la classe, d'autant plus violent et nerveux, qu'il succédait aux pleurs.

Peu à peu, on nous laissa reprendre nos amusements. Ma grand'mère était à Paris. Comme on lui rendait bon témoignage de ma conduite, elle n'avait plus sujet de me gronder sérieusement, et elle s'apercevait aussi que ma simplicité et mon absence de coquetterie n'allaient pas mal à une figure de seize ans. Elle me traitait donc avec toute sa bonté maternelle; mais un nouveau souci s'était emparé d'elle à propos de moi : c'était ma dévotion et le secret désir que je conservais, et qu'elle avait appris vraisemblablement par madame de Pontcarré (qui devait le tenir de Pauline), de me faire religieuse. Elle avait su l'été précédent, par diverses lettres de personnes qui m'avaient vue au parloir, que j'étais souffrante, triste et *toute confite en Dieu*. Cette dévotion triste ne l'avait pas beaucoup inquiétée.

Elle s'était dit avec raison que cela n'était pas de mon âge et ne pouvait durer. Mais quand elle me vit bien portante, fraîche, gaie, ne prenant avec personne d'airs revêches, et néanmoins rentrant chaque fois dans mon cloître avec plus de plaisir que j'en étais sortie, elle eut peur, et résolut de me reprendre avec elle aussitôt qu'elle repartirait pour Nohant.

Cette nouvelle tomba sur moi comme un coup de foudre, au milieu du plus parfait bonheur que j'eusse goûté de ma vie. Le couvent était devenu mon paradis sur la terre. Je n'y étais ni pensionnaire ni religieuse, mais quelque chose d'intermédiaire, avec la liberté absolue dans un intérieur que je chérissais et que je ne quittais pas sans regret, même pour une journée. Personne n'était donc aussi heureux que moi. J'étais l'amie de tout le monde, le conseil et le meneur de tous les plaisirs, l'idole des petites. Les religieuses, me voyant si gaie et persistant dans ma vocation, commençaient à y croire, et, sans l'encourager, ne disaient plus non. Élisa, qui seule ne s'était pas laissé distraire et égayer par mon entrain, y croyait fermement; sœur Hélène, plus que jamais. J'y croyais moi-même et j'y ai cru encore longtemps après ma sortie du couvent. Madame Alicia et l'abbé de Prémord étaient les deux seules personnes qui n'y comptaient pas, me connaissant probablement mieux que les autres, et tous deux me disaient à peu près la même chose : « Gardez cette idée si elle vous est bonne! mais pas de vœux imprudents, pas de secrètes promesses à Dieu, surtout pas d'aveu à vos parents avant le moment où vous serez certaine de vouloir pour toujours ce que vous voulez aujourd'hui. L'intention de votre grand'mère est de vous marier. Si dans deux ou trois ans vous ne l'êtes pas et que vous n'ayez pas envie de l'être, nous reparlerons de vos projets. »

Le bon abbé m'avait rendue bien facile la tâche d'être aimable. Dans les premiers temps j'avais été un peu effrayée de l'idée que mon devoir, aussitôt que j'aurais pris quelque ascendant sur mes compagnes, serait de les prêcher et de les convertir. Je lui avais avoué que je ne me sentais pas propre à ce rôle. « Vous voulez que je sois aimée de tout le monde ici, lui avais-je dit : eh bien, je me connais assez pour vous dire que je ne pourrai pas me faire aimer sans aimer moi-même, et que je ne serai jamais capable de dire à une personne aimée : « Faites-vous dévote, mon amitié est à ce prix. » Non, je mentirais. Je ne sais pas obséder, persécuter, pas même insister, je suis trop faible. — Je ne demande rien de semblable, m'avait répondu l'indulgent directeur ; prêcher, obséder serait de mauvais goût à votre âge. Soyez pieuse et heureuse, c'est tout ce que je vous demande, votre exemple prêchera mieux que tous les discours que vous pourriez faire. »

Il avait eu raison d'une certaine manière, mon excellent vieux ami. Il est certain que l'on était devenu meilleur autour de moi; mais la religion ainsi prêchée par la gaieté avait donné bien de la force à la vivacité des esprits, et je ne sais pas si c'était un moyen très-sûr pour persister dans le catholicisme.

J'y persistais avec confiance, j'y aurais persisté, je crois, si je n'eusse pas quitté le couvent; mais il fallut le quitter, il fallut cacher à ma grand'mère, qui en aurait mortellement souffert, le regret mortel que j'avais de me séparer des nombreux et charmants objets de ma tendresse : mon cœur fut brisé. Je ne pleurais pourtant pas, car j'eus un mois pour me préparer à cette séparation, et quand elle arriva, j'avais pris une si forte résolution de me soumettre sans murmure, que je parus calme et satisfaite devant ma pauvre bonne maman. Mais j'étais navrée, et je l'étais pour bien longtemps.

Je ne dois pourtant pas fermer le dernier chapitre du couvent sans dire que j'y laissai tout le monde triste ou consterné de la mort de madame Canning. J'étais arrivée, pour son caractère, au respect que lui devait ma piété; mais jamais ma sympathie ne m'avait poussée vers elle. Je fus pourtant une des dernières personnes qu'elle nomma avec affection dans son agonie.

CHAPITRE DEUXIÈME.

Cette femme, d'une puissante organisation, avait eu sans doute les qualités de son rôle dans la vie monastique, puisqu'elle avait conservé, depuis la révolution, le gouvernement absolu de sa communauté. Elle laissait la maison dans une situation florissante, avec un nombre considérable d'élèves, et de grandes relations dans le monde, qui eussent dû assurer à l'avenir une clientèle durable et brillante.

Néanmoins, cette situation prospère s'éclipsa avec elle. J'avais vu élire madame Eugénie, et comme elle m'aimait toujours, si je fusse restée au couvent, j'y aurais été encore plus gâtée ; mais madame Eugénie se trouva impropre à l'exercice de l'autorité absolue. J'ignore si elle en abusa, si le désordre se mit dans sa gestion ou la division dans ses conseils ; mais elle demanda, au bout de peu d'années, à se retirer du pouvoir, et fut prise au mot, m'a-t-on dit, avec un empressement général. Elle avait laissé les affaires péricliter, ou bien je crois plutôt qu'elle n'avait pu les empêcher d'aller ainsi. Tout est mode en ce monde, même les couvents. Celui des Anglaises avait eu, sous l'empire et sous Lous XVIII, une grande vogue. Les plus grands noms de la France et de l'Angleterre y avaient contribué. Les Mortemart, les Montmorency y avaient eu leurs héritières. Les filles des généraux de l'empire ralliés à la restauration y furent mises, à dessein sans doute d'établir des relations favorables à l'ambition aristocratique des parents ; mais le règne de la bourgeoisie arrivait, et, quoique j'aie entendu les *vieilles comtesses* accuser madame Eugénie d'avoir laissé *encanailler* son couvent, je me souviens fort bien que, lorsque j'en sortis, peu de jours après la mort de madame Canning, le *tiers état* avait déjà fait, par ses soins, une irruption très-lucrative dans le couvent. Ç'avait été pour ainsi dire le bouquet de sa fructueuse administration.

J'avais donc vu notre personnel s'augmenter rapidement d'une quantité de charmantes filles de négociants ou d'industriels, tout aussi bien élevées déjà, et pour la plupart plus intelligentes (ceci était même remarquable et remarqué) que les petites personnes de grande maison.

Mais cette prospérité devait être et fut un feu de paille. Les gens *de la haute,* comme disent aujourd'hui les bonnes gens, trouvèrent le milieu trop roturier, et la vogue des beaux noms se porta sur le Sacré-Cœur et sur l'Abbaye-aux-Bois. Plusieurs de mes anciennes compagnes furent transférées dans ces monastères, et peu à peu l'élément patricien catholique rompit avec l'antique retraite des Stuarts. Alors sans doute les bourgeois, qui avaient été flattés de l'espérance de voir leurs héritières *frayer* avec celles de la noblesse, se sentirent frustrés et humiliés. Ou bien l'esprit voltairien du règne de Louis-

Philippe, qui couvait déjà dès les premiers jours du règne de son prédécesseur, commença à proscrire les éducations monastiques. Tant il y a, qu'au bout de quelques années je trouvai le couvent à peu près vide, sept ou huit pensionnaires au lieu de soixante-dix à quatre-vingts que nous avions été, la maison trop vaste et aussi pleine de silence qu'elle l'avait été de bruit, Poulette désolée et se plaignant avec âcreté des nouvelles supérieures et de la ruine de notre *ancienne gloire*.

J'ai eu les derniers détails sur cet intérieur en 1847. La situation était meilleure, mais ne s'était jamais relevée à son ancien niveau : grande injustice de la vogue ; car, en somme, les Anglaises étaient sous tous les rapports un troupeau de vierges sages, et leurs habitudes de raison, de douceur et de bonté, n'ont pu se perdre en un quart de siècle.

CHAPITRE TROISIÈME

Paris, 1820. — Projets de mariage ajournés. — Amour filial contristé. — Madame Catalani. — Arrivée à Nohant. — Matinée de printemps. — Essai de travail. — Pauline et sa mère. — La comédie à Nohant. — Nouveaux chagrins d'intérieur. — Mon frère. — Colette et le général Pépé. — L'hiver à Nohant. — Soirée de février. — Désastre et douleurs.

Je ne me souviens guère des surprises et des impressions qui durent ou qui auraient dû m'assaillir dans ces premiers jours que je passai à Paris, promenée et distraite à dessein par ma bonne grand'mère. J'étais hébétée, je pense, par le chagrin de quitter mon couvent, et tourmentée de l'appréhension de quelque projet de mariage. Ma bonne maman, que je voyais avec douleur très-changée et très-affaiblie, parlait de sa mort, prochaine selon elle, avec un grand calme philosophique ; mais elle ajoutait, en s'attendrissant et en me pressant sur son cœur : « Ma fille, il faut que je te marie bien vite, car je m'en vas. Tu es bien jeune, je le sais ; mais, quelque peu d'envie que tu aies d'entrer dans le monde, tu dois faire un effort pour accepter cette idée-là. Songe que je finirais épouvantée et désespérée, si je te laissais sans guide et sans appui dans la vie. »

Devant cette menace de son désespoir et de son épouvante au moment suprême, j'étais épouvantée et désespérée, moi aussi. « Est-ce qu'on va vouloir me marier? me disais-je. Est-ce que c'est une affaire arrangée? M'a-t-on fait sortir du couvent juste pour cela? Quel est donc ce mari, ce maître, cet ennemi de mes vœux et de mes espérances? Où se tient-il caché? Quel jour va-t-on me le présenter en me disant : « Ma fille, il faut dire oui, ou me porter un coup mortel ! »

Je vis pourtant bientôt qu'on ne s'occupait que vaguement et comme préparatoirement de ce grand projet. Madame de Pontcarré proposait quelqu'un ; ma mère proposait, de par mon oncle de Beaumont, une autre personne. Je vis le parti de madame de Pontcarré, et elle me demanda mon opinion. Je lui dis que ce monsieur m'avait semblé fort laid. Il paraît qu'au contraire il était beau, mais je ne l'avais pas regardé, et madame de Pontcarré me dit que j'étais une petite sotte.

Je me rassurai tout à fait en voyant qu'on faisait les paquets pour Nohant sans rien conclure, et même j'entendis ma bonne maman dire qu'elle me trouvait si enfant, qu'il fallait encore m'accorder six mois, peut-être un an de répit.

Soulagée d'une anxiété affreuse, je retombai bientôt dans un autre chagrin. J'avais espéré que ma petite mère viendrait à Nohant avec nous. Je ne sais quel orage nouveau venait d'éclater dans ces derniers temps. Ma mère répondit brusquement à mes questions : « Non certes ! je ne retournerai à Nohant que quand ma belle-mère sera morte ! »

Je sentis que tout se brisait encore une fois dans ma triste existence domestique. Je n'osai faire de questions. J'avais une crainte poignante d'entendre, de part ou d'autre, les amères récriminations du passé. Ma piété, autant que ma tendresse filiale, me défendait d'écouter le moindre blâme sur l'une ou sur l'autre. J'essayai en silence de les rapprocher ; elles s'embrassèrent les larmes aux yeux, devant moi ; mais c'étaient des larmes de souffrance contenue et de reproche mutuel. Je le vis bien, et je cachai les miennes.

J'offris encore une fois à ma mère de me prononcer, afin de pouvoir rester avec elle, ou tout au moins de décider ma bonne maman à l'emmener avec moi.

Ma mère repoussa énergiquement cette idée. « Non, non ! dit-elle, je déteste la campagne, et Nohant surtout, qui ne me rappelle que des douleurs atroces. Ta sœur est une grande demoiselle que je ne peux plus quitter. Va-t'en sans te désoler, nous nous retrouverons, et peut-être plus tôt que l'on ne croit ! »

Cette allusion obstinée à la mort de ma grand'-
mère était déchirante pour moi. J'essayai de dire
que cela était cruel pour mon cœur. « Comme tu
voudras ! dit ma mère irritée ; si tu l'aimes mieux
que moi, tant mieux pour toi, puisque tu lui appartiens à présent corps et âme.

— Je lui appartiens de tout mon cœur, par la
reconnaissance et le dévouement, répondis-je, mais
non pas corps et âme contre vous. Ainsi il y a
une chose certaine, c'est que si elle exige que je me
marie, ce ne sera jamais, je le jure, avec un homme
qui refuserait de voir et d'honorer ma mère. »

Cette résolution était si forte en moi que ma
pauvre mère eût bien dû m'en tenir compte. Moi,
brisée désormais à la soumission chrétienne ; moi,
qui, d'ailleurs, ne me sentais plus l'énergie de résister aux larmes de ma bonne maman, et qui
voyais, par moments, s'effacer mon meilleur rêve,
celui de la vie monastique, devant la crainte de
l'affliger, j'aurais trouvé encore dans mon instinct
filial la force que sœur Hélène avait eue pour briser
le sien, quand elle avait résisté à son père pour aller
à Dieu. Moi, moins sainte et plus humaine, j'aurais, je le crois, passé par-dessus le corps de ma
grand'mère pour tendre les bras à ma mère humiliée
et outragée.

Mais ma mère ne comprenait déjà plus mon cœur.
Il était devenu trop sensible et trop tendre pour sa

nature entière et sans nuances. Elle n'eut qu'un sourire d'énergique insouciance pour répondre à mon effusion : « Tiens, tiens ! je crois bien ! dit-elle. Je ne m'inquiète guère de cela. Est-ce que tu ne sais pas qu'on ne peut pas te marier sans mon consentement ? Est-ce que je le donnerai jamais quand il s'agira d'un monsieur qui prendrait de grands airs avec moi ? Allons donc ! Je me moque bien de toutes les menaces. Tu m'appartiens, et quand même on réussirait à te mettre en révolte contre ta mère, ta mère saura bien retrouver ses droits ! »

Ainsi ma mère, exaspérée, semblait vouloir douter de moi et s'en prendre à ma pauvre âme en détresse pour exhaler ses amertumes. Je commençai à pressentir quelque chose d'étrange dans ce caractère généreux, mais indompté, et il y avait, à coup sûr, dans ses beaux yeux noirs quelque chose de terrible qui, pour la première fois, me frappa d'une secrète épouvante.

Je trouvai, par contraste, ma grand'mère plongée dans une tristesse abattue et plaintive qui me toucha profondément. « Que veux-tu, mon enfant, me dit-elle lorsque j'essayai de rompre la glace, ta mère ne peut pas ou ne veut pas me savoir gré des efforts immenses que j'ai faits et que je fais tous les jours pour la rendre heureuse. Ce n'est ni sa faute ni la mienne si nous ne nous chérissons pas l'une l'autre ; mais j'ai mis les bons procédés de mon côté en toutes choses, et les siens sont si durs que je ne peux plus les supporter. Ne peut-elle me laisser finir en paix? Elle a si peu de temps à attendre! »

Comme j'ouvrais la bouche pour la distraire de cette pensée : « Laisse, laisse! reprit-elle. Je sais ce que tu veux me dire. J'ai tort d'attrister tes seize ans de mes idées noires. N'y pensons pas. Va t'habiller. Je veux te mener ce soir aux Italiens! »

J'avais bien besoin de me distraire, et par cela même que j'étais mortellement triste, je ne m'en sentais ni l'envie ni la force. Je crois que c'est ce soir-là que j'entendis pour la première fois madame Catalani dans *Il fanatico per la musica*. Je crois aussi que c'était Galli qui faisait le rôle du dilettante burlesque ; mais je vis et entendis bien mal, préoccupée comme je l'étais. Il me sembla que la cantatrice abusait de la richesse de ses moyens, et que sa fantaisie de chanter des variations écrites pour le violon était antimusicale. Je sortais des chœurs et des motets de notre chapelle, et, dans le nombre de nos morceaux *à effet*, ceux qu'on chantait pendant le salut du saint sacrement, il se trouvait bien des antiennes vocalisées dans le goût rococo de la musique sacrée du dernier siècle; mais nous n'étions pas trop dupes de ces abus, et, en somme, on nous mettait sur la voie des bonnes choses. La musique bouffe des Italiens, si artistement brodée par la cantatrice à la mode, ne me causa donc que de l'étonnement. J'avais plus de plaisir à écouter le chevalier de Lacoux, vieux émigré, ami de ma grand'mère, me jouer sur la harpe ou sur la guitare des airs espagnols dont quelques-uns m'avaient bercée à Madrid, et que je retrouvais comme un rêve du passé endormi dans ma mémoire.

Rose était mariée et devait nous quitter pour aller vivre à la Châtre aussitôt que nous serions de retour à Nohant. Impatiente de retrouver son mari, qu'elle avait épousé la veille du voyage à Paris, elle ne cachait guère sa joie et me disait avec sa passion rouge qui me faisait frémir de peur : « Soyez tranquille, votre tour viendra bientôt ! »

J'allai embrasser une dernière fois toutes mes chères amies du couvent. J'étais véritablement désespérée.

Nous arrivâmes à Nohant aux premiers jours du printemps de 1820, dans la grosse calèche bleue de ma grand'mère, et je retrouvai ma petite chambre livrée aux ouvriers qui en renouvelaient les papiers et les peintures; car ma bonne maman commençait à trouver ma tenture de toile d'orange à grands ramages trop surannée pour mes jeunes yeux, et voulait les réjouir par une fraîche couleur lilas. Cependant mon lit à colonnes, en forme de corbillard, fut épargné, et les quatre plumets rongés des vers échappèrent encore au vandalisme du goût moderne.

On m'installa provisoirement dans le grand appartement de ma mère. Là, rien n'était changé, et je dormis délicieusement dans cet immense lit à grenades dorées qui me rappelait toutes les tendresses et toutes les rêveries de mon enfance.

Je vis enfin, pour la première fois depuis notre séparation décisive, le soleil entrer dans cette chambre déserte où j'avais tant pleuré. Les arbres étaient en fleur, les rossignols chantaient, et j'entendais au loin la classique et solennelle cantilène des laboureurs, qui résume et caractérise toute la poésie claire et tranquille du Berry. Mon réveil fut pourtant un indicible mélange de joie et de douleur. Il était déjà neuf heures du matin. Pour la première fois depuis trois ans, j'avais dormi la grasse matinée, sans entendre la cloche de l'angélus et la voix criarde de Marie-Josèphe m'arracher aux douceurs des derniers rêves. Je pouvais encore paresser une heure sans encourir aucune pénitence. Échapper à la règle, entrer dans la liberté, c'est une crise sans pareille dont ne jouissent pas à demi les âmes éprises de rêverie et de recueillement.

J'allai ouvrir ma fenêtre et retournai me mettre au lit. La senteur des plantes, la jeunesse, la vie, l'indépendance m'arrivaient par bouffées ; mais aussi le sentiment de l'avenir inconnu qui s'ouvrait devant moi m'accablait d'une inquiétude et d'une tristesse profondes. Je ne saurais à quoi attribuer cette désespérance maladive de l'esprit, si peu en rapport avec la fraîcheur des idées et la santé physique de l'adolescence. Je l'éprouvai si poignante, que le souvenir très-net m'en est resté après tant d'années, sans que je puisse retrouver clairement par quelle liaison d'idées, quels souvenirs de la veille, quelles appréhensions du lendemain, j'arrivai à répandre des larmes amères, en un moment où j'aurais dû reprendre avec transport possession du foyer paternel et de moi-même.

Que de petits bonheurs, cependant, pour une pensionnaire hors de cage! Au lieu du triste uniforme de serge amarante, une jolie femme de chambre m'apportait une fraîche robe de guingan rose. J'étais libre d'arranger mes cheveux à ma guise sans que madame Eugénie me vînt observer qu'il était indécent de se découvrir les tempes. Le déjeuner était relevé de toutes les friandises que ma grand'mère aimait et me prodiguait. Le jardin était un immense bouquet. Tous les domestiques, tous les paysans venaient me faire fête. J'embrassais toutes les bonnes femmes de l'endroit, qui me trouvaient fort embellie parce que j'étais devenue *plus grossière*, c'est-à-dire, dans leur langage, que j'avais pris de l'embonpoint. Le parler berrichon sonnait à mon oreille comme une musique aimée, et j'étais tout émerveillée qu'on ne m'adressât pas la parole avec le blaisement et le sifflement britanniques.

CHAPITRE TROISIÈME.

Les grands chiens, mes vieux amis, qui m'avaient grondée la veille au soir, me reconnaissaient et m'accablaient de caresses avec ces airs intelligents et naïfs qui semblent vous demander pardon d'avoir un instant manqué de mémoire.

Vers le soir, Deschartres, qui avait été à je ne sais plus quelle soirée éloignée, arriva enfin, avec sa veste, ses grandes guêtres et sa casquette en soufflet. Il ne s'était pas encore avisé, le cher homme, que je dusse être changée et grandie depuis trois ans, et tandis que je lui sautais au cou, il demandait où était Aurore. Il m'appelait mademoiselle ; enfin, il fit comme mes chiens, il ne me reconnut qu'au bout d'un quart d'heure.

Tous mes anciens camarades d'enfance étaient aussi changés que moi. Liset était *loué*, comme on dit chez nous. Je ne le revis pas, il mourut peu de temps après. Cadet était devenu aide-valet de chambre. Il servait à table et disait naïvement à mademoiselle Julie, qui lui reprochait de casser toutes les carafes : « Je n'en ai cassé que sept la semaine dernière. » Fanchon était bergère chez nous. Marie Aucante était devenue la reine de beauté du village. Marie et Solange Croux étaient des jeunes filles charmantes. Pendant trois jours ma chambre ne désemplit pas des visites qui m'arrivaient. Ursule ne fut pas des dernières.

Mais, comme Deschartres, tout le monde m'appelait mademoiselle. Plusieurs étaient intimidés devant moi. Cela me fit sentir mon isolement. L'abîme de la hiérarchie sociale s'était creusé entre des enfants qui jusque-là s'étaient sentis égaux. Je n'y pouvais rien changer, on ne l'eût pas souffert. Je me pris à regretter davantage mes compagnes de couvent.

Pendant quelques jours ensuite, je fus tout au plaisir physique de courir les champs, de revoir la rivière, les plantes sauvages, les prés en fleur. L'exercice de marcher dans la campagne, dont j'avais perdu l'habitude, et l'air printanier me grisaient si bien, que je ne pensais plus et dormais de longues nuits avec délices; mais bientôt l'inaction de l'esprit me pesa, et je songeai à occuper ces éternels loisirs qui m'étaient faits par l'indulgente gâterie de ma grand'mère.

J'éprouvai même le besoin de rentrer dans la règle, et je m'en traçai une dont je ne me départis pas tant que je fus seule et maîtresse de mes heures. Je me fis naïvement un *tableau* de l'emploi de ma journée. Je consacrais une heure à l'histoire, une au dessin, une à la musique, une à l'anglais, une à l'italien, etc. Mais le moment de m'instruire réellement un peu n'était pas encore venu. Au bout d'un mois je n'avais fait encore que résumer, sur des cahiers *ad hoc*, mes petites études du couvent, lorsque arrivèrent, invitées par ma bonne maman, madame de Pontcarré et sa charmante fille Pauline, ma blonde et enjouée compagne de couvent.

Pauline, à seize ans comme à six, était toujours cette belle indifférente qui se laissait aimer sans songer à vous rendre la pareille. Son caractère était charmant comme sa figure, comme sa taille, comme ses mains, comme ses cheveux d'ambre, comme ses joues de lis et de rose; mais comme son cœur ne se manifestait jamais, je n'ai jamais su s'il existait, et je ne pourrais dire que cette aimable compagne ait été mon amie.

Sa mère était bien différente. C'était une âme passionnée jointe à un esprit éblouissant. Trop sanguine et trop replète pour être encore belle (j'ignore même si elle l'avait jamais été), elle avait des yeux noirs si magnifiques et une physionomie si vivante, une si belle voix et tant d'âme pour chanter, une conversation si réjouissante, tant d'idées, tant d'activité, tant d'affection dans les manières, qu'elle exerçait un charme irrésistible. Elle était de l'âge de mon père, et ils avaient joué ensemble dans leur enfance. Ma grand'mère aimait à parler de son cher fils avec elle, et s'était prise d'amitié pour elle assez récemment, bien qu'elle l'eût toujours connue; mais cette amitié fit bientôt place chez elle à un sentiment contraire, dont je ne m'aperçus pas assez tôt pour ne pas la faire souffrir.

Dans les commencements, tout allait si bien entre elles, que je ne me défendis point de l'attrait de cette amitié pour mon compte. Très-naturellement, je passais beaucoup plus de temps avec Pauline et sa mère, ingambes et actives toutes deux, qu'auprès du fauteuil où ma grand'mère écrivait ou sommeillait presque toute la journée. Elle-même exigeait que je fisse soir et matin de grandes courses, et de la musique avec ces dames dans la journée. Madame de Pontcarré était un excellent professeur. Elle nous lançait, Pauline et moi, dans les partitions à livre ouvert, nous accompagnant avec feu et soutenant nos voix de l'énergie sympathique de la sienne. Nous avons déchiffré ensemble *Armide*, *Iphigénie*, *OEdipe*, etc. Quand nous étions un peu ferrées sur un morceau, nous ouvrions les portes pour que la bonne maman pût entendre, et son jugement n'était pas la moins bonne leçon. Mais bien souvent la porte se trouvait fermée au verrou. Ma grand'mère avait conservé l'habitude d'être seule, ou avec mademoiselle Julie, qui lui faisait la lecture. Nous étions trop jeunes et trop vivantes pour que notre compagnie assidue lui fût agréable. La pauvre femme s'éteignait doucement, et il n'y paraissait pas encore. Elle se montrait aux repas avec un peu de rouge sur les joues, des diamants aux oreilles, la taille toujours droite et gracieuse dans sa douillette pensée; causant bien et répondant à propos, esclave d'un savoir-vivre aimable qui lui faisait cacher ou surmonter de fréquentes défaillances, elle semblait jouir d'une belle vieillesse exempte d'infirmités. Longtemps elle dissimula une surdité croissante, et jusqu'à ses derniers moments fit un mystère de son âge : affaire d'étiquette apparemment, car elle n'avait jamais été vaine, même dans tout l'éclat de la jeunesse et de la beauté. Cependant elle s'en allait, comme elle le disait souvent tout bas à Deschartres, qui, l'ayant toujours connue délicate et affaissée, n'y croyait pas et se flattait de mourir avant elle. Elle craignait le moindre bruit, l'éclat du jour lui était insupportable, et quand elle avait fait l'effort de tenir le salon une ou deux heures, elle éprouvait le besoin d'aller s'enfermer dans son boudoir, nous priant d'aller nous occuper ou nous promener un peu loin de son sommeil, qui était fort léger.

Je fus donc bien étonnée et presque effrayée un jour qu'elle me dit que j'étais inséparable de madame de Pontcarré et de sa fille, que je la négligeais, que je me jetais tête baissée dans des amitiés nouvelles, que j'avais trop d'imagination, que je ne l'aimais pas, et tout cela avec une douleur et des larmes inexplicables.

Je sentais ces reproches si peu mérités qu'ils me consternèrent. Je ne trouvais rien à y répondre à force d'en voir l'injustice; mais cette injustice, dans un cœur si bon et si droit, ressemblait à un accès de démence triste et douce. Je ne sus que pleurer avec ma pauvre bonne maman, la caresser et la consoler de mon mieux. Comme elle me reprochait de parler bas souvent à ces dames et d'avoir avec elles un air de cachoterie, je lui fis promettre, en riant, le secret vis-à-vis d'elle-même, et lui confessai que depuis huit jours nous bâtissions un théâtre et répétions une pièce pour le jour de sa fête; mais que j'aimais bien mieux en trahir la surprise que de la laisser souffrir un jour de plus de ses chimères. « Eh! mon Dieu, me dit-elle en riant aussi à travers ses pleurs, je le sais bien que vous me préparez une belle fête et une belle surprise! Comment peux-tu t'imaginer que Julie ne me l'ait pas dit?

— Elle a très-bien fait sans doute, puisqu'elle vous a vue inquiète de nos mystères; mais alors comment se fait-il, chère maman, que vous vous en tourmentiez encore? »

Elle m'avoua qu'elle ne savait pas pourquoi elle s'en était fait un chagrin; et comme je lui proposai de laisser aller la comédie sans m'en mêler afin de passer tout mon temps auprès d'elle, elle s'écria: « Non pas, non pas! Je ne veux point de cela! madame de Pontcarré fera bien assez valoir sa fille; je ne veux pas que, comme à l'ordinaire, tu sois mise de côté et éclipsée par elle! »

Je n'y comprenais plus rien. Jamais l'idée d'une

rivalité quelconque n'avait pu éclore dans la tête de Pauline ou dans la mienne. Madame de Pontcarré n'y pensait probablement pas davantage ; mais ma pauvre jalouse de bonne maman ne pardonnait pas à Pauline d'être plus belle que moi, et en même temps qu'elle supposait sa mère portée à me dénigrer, elle était jalouse aussi de l'affection que cette mère me témoignait.

Comme la jalousie est grosse d'inconséquences, il me fallut donc voir ces petites scènes se renouveler, et je crois qu'elles furent envenimées par mademoiselle Julie, qui, décidément, ne m'aimait point. Je ne lui avais jamais fait ni mal ni dommage; tout au contraire : facile au retour comme je le suis, j'appréciais l'intelligence de cette froide personne, et j'aimais à consulter sa merveilleuse mémoire des faits historiques; mais ma mère l'avait trop blessée pour qu'elle pût me pardonner d'être sa fille et de l'aimer.

Ce fut donc en essuyant de secrètes larmes, et entre plusieurs nuées de ces orages étouffés par le savoir-vivre, que je me travestis en Colin pour jouer la comédie et faire rire ma grand'mère. Le théâtre, tout en feuillages naturels, formait un berceau charmant. M. de Trémoville, un officier ami de madame de Pontcarré, lequel, se trouvant en remonte de cavalerie dans le département, était venu passer chez nous une quinzaine, avait tout disposé avec beaucoup d'adresse et de goût. Il jouait lui-même le rôle de *mon capitaine*, car je *m'engageais* par désespoir des caprices de mon amoureuse Colette. Je ne sais plus quel proverbe de Carmontelle nous avions ainsi arrangé à notre usage. Pauline, en villageoise d'opéra-comique, était belle comme un ange. Deschartres jouait aussi, et jouait très-mal. Tout alla néanmoins le mieux du monde, malgré les terreurs de Pauline, qui pleura de peur en entrant en scène. N'ayant jamais connu ce genre de timidité, je jouai très-résolûment, ce qui consola un peu ma bonne maman de me voir travestie en garçon, pendant que Pauline brillait de tout le charme de sa beauté et de tous les atours de son sexe.

Quelque temps après, madame de Pontcarré partit avec sa fille et M. de Trémoville, dont je me souviens comme du meilleur homme du monde ; père de famille excellent, il nous traitait, Pauline et moi, comme ses enfants, et nous abusions tellement de son facile et aimable caractère, que ma grand'mère elle-même, dans ses moments de gaieté, l'avait surnommé la *bonne de ces demoiselles.*

Mais je ne sais quelle irritation profonde resta contre madame de Pontcarré et Pauline dans le cœur de ma grand'mère. Affligée de leur départ, je dus pourtant me trouver soulagée de voir finir les étranges et incompréhensibles querelles qu'elles m'attiraient. Hippolyte vint en congé, et nous fûmes d'abord intimidés l'un devant l'autre. Il était devenu un beau maréchal des logis de hussards; faisant ronfler les *r*, domptant les chevaux indomptables, et ayant son franc parler avec Deschartres, qui lui permettait de le taquiner, comme avait fait mon père, sur le chapitre de l'équitation et sur plusieurs autres. Au bout de peu de jours notre ancienne amitié revint, et, recommençant à courir et à folâtrer ensemble, il ne nous sembla plus que nous nous fussions jamais quittés.

Ce fut lui qui me communiqua le goût de monter à cheval, et cet exercice physique devait influer beaucoup sur mon caractère et mes habitudes d'esprit.

Le cours d'équitation qu'il me fit n'était ni long ni ennuyeux. « Vois-tu, me dit-il un matin que je lui demandais de me donner la première leçon, je pourrais faire le pédant et te casser la tête du manuel d'instruction que je professe à Saumur à des conscrits qui n'y comprennent rien, et qui, en somme, n'apprennent qu'à force d'habitude et de hardiesse ; mais tout se réduit d'abord à deux choses : tomber ou ne pas tomber ; le reste viendra plus tard. Or, comme il faut s'attendre à tomber, nous allons chercher un bon endroit pour que tu ne t'y fasses pas trop de mal. » Et il m'emmena dans un pré immense dont l'herbe était épaisse.

Il monta sur le *général Pépé*, menant Colette en main.

Pépé était un très-beau poulain, petit-fils du fatal Léopardo, et que, dans mon enthousiasme naissant pour la révolution italienne, j'avais gratifié du nom d'un homme héroïque qui a été mon ami par la suite des temps. Colette, que l'on appelait dans le principe mademoiselle Deschartres, était une *élève* de notre précepteur, et n'avait jamais été montée. Elle avait quatre ans et sortait du pacage. Elle paraissait si douce, que mon frère, après lui avoir fait faire plusieurs fois le tour du pré, jugea qu'elle se conduirait bien et me jeta dessus.

Il y a un Dieu pour les fous et pour les enfants. Colette et moi, aussi novices l'une que l'autre, avions toutes les chances possibles pour nous contrarier et nous séparer violemment. Il n'en fut rien. A partir de ce jour, nous devions vivre et galoper quatorze ans de compagnie. Elle devait gagner ses invalides et finir tranquillement ses jours à mon service, sans qu'aucun nuage ait jamais troublé notre bonne intelligence.

Je ne sais pas si j'aurais eu peur par réflexion, mais mon frère ne m'en donna pas le temps. Il fouetta vigoureusement Colette, qui débuta par un galop frénétique, accompagné de gambades et de ruades les plus folles mais les moins méchantes du monde. « Tiens-toi bien, disait mon frère. Accroche-toi aux crins si tu veux, mais ne lâche pas la bride et ne tombe pas. Tout est là, tomber ou ne pas tomber ! »

C'était le *to be or not to be* d'Hamlet. Je mis toute mon attention et ma volonté à ne pas trop quitter la selle. Cinq ou six fois, à moitié désarçonnée, je me rattrapai comme il plut à Dieu, et au bout d'une heure, éreintée, échevelée et surtout enivrée, j'avais acquis le degré de confiance et de présence d'esprit nécessaire à la suite de mon éducation équestre.

Colette était un être supérieur dans son espèce. Elle était maigre, laide, grande, dégingandée au repos : mais elle avait une physionomie sauvage et des yeux d'une beauté qui rachetait ses défauts de conformation. En mouvement, elle devenait belle d'ardeur, de grâce et de souplesse. J'ai monté des chevaux magnifiques, admirablement dressés : je n'ai jamais retrouvé l'intelligence et l'adresse de ma cavale rustique. Jamais elle ne m'a fait un faux pas, jamais un écart, et ne m'a jamais jetée par terre que par la faute de ma distraction ou de mon imprudence.

Comme elle devinait tout ce qu'on désirait d'elle, il ne me fallut pas huit jours pour savoir la gouverner. Son instinct et le mien s'étaient rencontrés. Taquine et emportée avec les autres, elle se pliait à ma domination de son plein gré, à coup sûr. Au bout de huit jours, nous sautions haies et fossés, nous gravissions les pentes ardues, nous traversions les eaux profondes; et moi, *l'eau dormante* du couvent, j'étais devenue quelque chose de plus téméraire qu'un hussard et de plus robuste qu'un paysan; car les enfants ne savent pas ce que c'est que le danger, et les femmes se soutiennent, par la volonté nerveuse, au delà des forces viriles.

Ma grand'mère ne parut pas surprise d'une métamorphose qui m'étonnait pourtant moi-même : car, du jour au lendemain, je ne me reconnaissais plus, tandis qu'elle disait reconnaître en moi les contrastes de langueur et d'enivrement qui avaient marqué l'adolescence de mon père.

Il est étrange que, m'aimant d'une manière si absolue et si tendre, elle n'ait pas été effrayée de me voir prendre le goût de ce genre de danger. Ma mère n'a jamais pu me voir à cheval sans cacher sa figure dans ses mains et sans s'écrier que je finirais comme mon père. Ma bonne maman répondait avec un triste sourire à ceux qui lui demandaient raison de sa tolérance à cet égard par cette anecdote bien connue, mais bien jolie, du marin et du citadin.

« Eh quoi, monsieur, votre père et votre grand-père ont péri sur mer dans les tempêtes, et vous êtes marin? A votre place, je n'aurais jamais voulu monter sur un navire!

— Et vous, monsieur, comment donc sont morts vos parents?

— Dans leurs lits, grâce au ciel!

— En ce cas, à votre place, je ne me mettrais jamais au lit! »

Il m'arriva cependant un jour de tomber juste à la place où s'était tué mon père, et de m'y faire même assez de mal. Ce ne fut point Colette, mais le général Pépé qui me joua ce mauvais tour. Ma grand'mère n'en sut rien. Je ne m'en vantai pas, et remontai à cheval de plus belle.

Mon frère retourna à son régiment. Le vieux chevalier de Lacoux, qui était venu nous voir et qui me faisait beaucoup travailler la harpe, nous quitta aussi. Je restai seule à Nohant, pendant tout l'hiver, avec ma grand'mère et Deschartres.

Jusqu'à ce moment, malgré l'agréable compagnie de ces divers hôtes, j'avais lutté en vain contre une profonde mélancolie. Je ne pouvais pas toujours la dissimuler, mais jamais je n'en voulus dire la cause, pas même à Pauline ou à mon frère, qui s'étonnaient de mes abattements et de mes préoccupations. Cette cause, que je laissais attribuer à une disposition maladive ou à un vague ennui, était bien claire en moi-même : je regrettais le couvent. J'avais le mal du couvent comme on a le mal du pays. Je ne pouvais pas m'ennuyer, ayant une vie assez remplie; mais je sentais tout me déplaire, quand je comparais même mes meilleurs moments aux placides et régulières journées du cloître, aux amitiés sans nuages, au bonheur sans secousse que j'avais à jamais laissés derrière moi. Mon âme, déjà lassée dès l'enfance, avait soif de repos, et là seulement j'avais goûté, après les premières émotions de l'enthousiasme religieux, presque une année de quiétude absolue. J'y avais oublié tout ce qui était le passé ; j'y avais rêvé l'avenir semblable au présent. Mon cœur aussi s'était fait comme une habitude d'aimer beaucoup de personnes à la fois et de leur communiquer ou de recevoir d'elles un continuel aliment à la bienveillance et à l'enjouement.

Je l'ai dit, mais je le dirai encore une fois, au moment d'enterrer ce rêve de vie claustrale dans mes lointains mais toujours tendres souvenirs : l'existence en commun avec des êtres doucement aimables et doucement aimés est l'idéal du bonheur. L'affection vit de préférences ; mais dans ce genre de société fraternelle, où une croyance quelconque sert de lien, les préférences sont si pures et si saines, qu'elles augmentent les sources du cœur au lieu de les épuiser. On est d'autant meilleur et facilement généreux avec les amis secondaires qu'on sent devoir leur prodiguer l'obligeance et les bons procédés, en dédommagement de l'admiration enthousiaste qu'on réserve pour des êtres plus directement sympathiques. On a dit souvent qu'une belle passion élargissait l'âme. Quelle plus belle passion que celle de la fraternité évangélique ? Je m'étais sentie vivre de toute ma vie dans ce milieu enchanté, je m'étais sentie dépérir depuis, jour par jour, heure par heure, et sans bien me rendre toujours compte de ce qui me manquait, tout en cherchant parfois à m'étourdir et à m'amuser comme il convenait à l'innocence de mon âge ; j'éprouvais dans la pensée un vide affreux, un dégoût, une lassitude de toutes choses et de toutes personnes autour de moi.

Ma grand'mère était seule exceptée ; mon affection pour elle se développait extrêmement. J'arrivais à la comprendre, à avoir le secret de ses douces faiblesses maternelles, à ne plus voir en elle le froid esprit fort que ma mère m'avait exagéré, mais bien la femme nerveuse et délicatement susceptible qui ne faisait souffrir que parce qu'elle souffrait elle-même à force d'aimer. Je voyais les contradictions singulières qui existaient, qui avaient toujours existé plus ou moins, entre son esprit bien trempé et son caractère débile. Forcée de l'étudier, et reconnaissant qu'il fallait le faire pour lui épargner tous les petits chagrins que je lui avais causés, je débrouillais enfin cette énigme d'un cerveau raisonnable aux prises avec un cœur insensé. La femme supérieure, et elle l'était par son instruction, son jugement, sa droiture, son courage dans les grandes choses, redevenait femmelette et petite marquise dans les mille petites douleurs de la vie ordinaire. Ce fut d'abord une déception pour moi que d'avoir à mesurer ainsi un être que je m'étais habituée à voir grand dans la rigueur comme dans la bonté. Mais la réflexion me ramena, et je me mis à aimer les côtés faibles de cette nature compliquée, dont les défauts n'étaient que l'excès de qualités exquises. Un jour vint où nous changeâmes de rôle, et où je sentis pour elle une tendresse des entrailles qui ressemblait aux sollicitudes de la maternité.

C'était comme un pressentiment intérieur ou comme un avertissement du ciel, car le moment approchait où je ne devais plus trouver en elle qu'un pauvre enfant à soigner et à gouverner.

Hélas! il fut bien court, le temps arraché aux rigueurs de notre commune destinée, où, sortant moi-même des ténèbres de l'enfance, je pouvais enfin profiter de son influence morale et du bienfait intellectuel de son intimité. N'ayant plus aucun sujet de jalousie à propos de moi (Hippolyte aussi lui en avait causé quelques derniers accès), elle devenait adorable dans le tête-à-tête. Elle savait tant de choses et jugeait si bien, elle s'exprimait avec une simplicité si élégante, il y avait en elle tant de goût et d'élévation, que sa conversation était le meilleur des livres.

Nous passâmes ensemble les dernières soirées de

février, à lire une partie du *Génie du christianisme* de Châteaubriand. Elle n'aimait pas cette forme et le fond lui paraissait faux ; mais les nombreuses citations de l'ouvrage lui suggéraient des jugements admirables sur les chefs-d'œuvre dont je lui lisais les fragments. Je m'étonnais qu'elle m'eût si peu permis de lire avec elle; je le lui disais, exprimant le charme que je goûtais dans de tels enseignements, lorsqu'elle me dit un soir : « Arrête-toi, ma fille. Ce que tu me lis est si étrange que j'ai peur d'être malade et d'entendre autre chose que ce que j'écoute. Pourquoi me parles-tu de morts, de linceul, de cloches, de tombeaux? Si tu composes tout cela, tu as tort de me mettre ainsi des idées noires dans l'esprit. »

Je m'arrêtai épouvantée : je venais de lui lire une page fraîche et riante, une description des savanes, où rien de semblable à ce qu'elle avait cru entendre ne se trouvait. Elle se remit bien vite et me dit en souriant : « Tiens, je crois que j'ai dormi et rêvé pendant ta lecture. Je suis bien affaiblie. Je ne peux plus lire, et je ne peux plus écouter. J'ai peur de connaître l'oisiveté et l'ennui à présent. Donne-moi des cartes, et jouons au grabuge, cela me distraira. »

Je m'empressai de faire sa partie, et je réussis à l'égayer. Elle joua avec l'attention et la lucidité ordinaires. Puis, rêvant un instant, elle rassembla ses idées comme pour un entretien suprême; car, à coup sûr, elle sentait son âme s'échapper. « Ce mariage ne te convenait pas du tout, dit-elle, et je suis contente de l'avoir rompu.

— Quel mariage? lui dis-je.

— Est-ce que je ne t'en ai pas parlé? Eh bien, je t'en parle. C'est un homme immensément riche, mais cinquante ans et un grand coup de sabre à travers la figure. C'est un général de l'empire. Je ne sais pas où il t'a vue, au parloir de ton couvent peut-être. Te souviens-tu de cela?

— Pas du tout.

— Enfin, il te connaît apparemment, et il te demande en mariage avec ou sans dot : mais conçoit-on que ces hommes de Bonaparte aient des préjugés comme nous autres? Il mettait pour première condition que tu ne reverrais jamais ta mère.

— Et vous avez refusé, n'est-ce pas, maman?

— Oui, me dit-elle; en voici la preuve. »

Elle me remit une lettre que j'ai encore sous les yeux, car je l'ai gardée comme un souvenir de cette triste soirée. Elle était de mon cousin René de Villeneuve et ainsi conçue :

« Je ne me console pas, chère grand'mère, de n'être pas auprès de vous pour insister sur la proposition faite pour Aurore. L'âge vous offusque; mais réellement la personne de cinquante ans a l'air presque aussi jeune que moi. Elle a beaucoup d'esprit, d'instruction, tout ce qu'il faut enfin pour assurer le bonheur d'un lien pareil; car on trouvera bien des jeunes gens, mais on ne peut être sûr de leur caractère, et l'avenir avec eux est fort incertain; au lieu que là, la position élevée, la fortune, la considération, tout se trouve. Je vous citerai plusieurs exemples à l'appui du raisonnement que je pourrais vous faire. Le duc de C***, qui a soixante-cinq ans, a épousé, il y a deux ans, mademoiselle de la G***, qui en avait seize. Elle est la plus heureuse des femmes, se conduisant à merveille, bien que lancée dans le grand monde et entourée d'hommages, car elle est belle comme un ange [1]. Elle a reçu une excellente éducation et de bons principes. Tout est là. Venez donc sans faute à Paris au commencement de mars. Je vous somme de faire ce voyage dans l'intérêt de notre chère enfant, etc. »

« Eh bien, maman, m'écriai-je effrayée, est-ce que nous allons à Paris?

— Oui, mon enfant, nous irons dans huit jours. Mais, rassure-toi, je ne veux pas entendre parler

---

[1] J'ai connu dans la suite la belle et véritablement angélique personne dont il est question. Elle avait épousé M. de R*** en secondes noces. Elle m'a raconté toute l'histoire de son union avec le duc de C***. Ah! mon bon cousin René, si vous l'aviez entendue décrire ce *parfait bonheur* de sa première union!

de ce mariage. Ce n'est pas tant l'âge qui m'offusque que la condition dont je t'ai parlé. J'ai été si heureuse avec mon vieux mari, que je n'ai pas trop peur pour toi d'un homme de cinquante ans ; mais je sais que tu ne souscrirais pas.... Ne dis rien ; je te connais à présent, et je regrette de n'avoir pas toujours aussi bien jugé ta situation que je le fais à cette heure. Tu aimes ta mère par devoir et par religion, comme tu l'aimais par habitude et par instinct dans ton enfance. J'ai cru devoir te mettre en garde contre trop de confiance et d'entraînement. J'ai peut-être eu tort de le faire dans un moment de douleur et d'irritation. J'ai bien vu que je te brisais. Il me semblait, dans ce moment-là, que c'était de moi que tu devais apprendre la vérité et qu'elle te serait plus insupportable de la part de tout autre. Si tu penses que j'aie exagéré quelque chose, ou que j'aie jugé trop durement ta mère, oublie-le, et sache que, malgré tout le mal qu'elle m'a fait, je rends justice à ses qualités et à sa conduite depuis la mort de ton pauvre père. D'ailleurs, fût-elle, comme je me le suis imaginé parfois, la dernière des femmes, je comprends ce que tu lui dois d'égards et de fidélité de cœur. Elle est ta mère ! tout est là ! Oui, je le sais. J'ai craint de te voir trop aveuglée, ensuite j'ai craint de te voir devenir trop dévote. Je suis tranquille sur ton compte à présent. Je te vois pieuse, tolérante et conservant les goûts de

CHAPITRE TROISIÈME.

l'intelligence. Je regrette presque de ne pas croire à tout ce que tu pratiques ; car je vois que tu y puises une force qui n'est pas dans ta nature et qui m'a frappée quelquefois comme au-dessus de ton âge. Ainsi, pendant que tu étais au couvent, enfermée toute l'année, sans vacances, privée de sortir pendant neuf ou dix mois que je passais ici, tu m'as écrit à différentes reprises pour me conjurer de ne pas te permettre de sortir avec les Villeneuve ou avec madame de Pontcarré. J'en ai été affligée et jalouse d'abord, mais j'en ai été touchée aussi, et maintenant je sens que si je te proposais de rompre avec ta mère pour faire un grand mariage, je révolterais ton cœur et ta conscience. Sois donc tranquille, et va te coucher. Il ne sera jamais question de rien de pareil. »

J'embrassai ardemment ma chère grand'mère, et, la voyant parfaitement calme et lucide, je me retirai dans ma chambre, la laissant aux soins accoutumés de ses deux femmes, qui la mirent au lit à minuit, après les deux heures de toilette et de tranquille flânerie dont elle avait l'habitude.

C'était, comme je l'ai déjà dit, tout un étrange petit cérémonial que le coucher de ma grand'mère : des camisoles de satin piqué, des bonnets à dentelles, des cocardes de rubans, des parfums, des bagues particulières pour la nuit, une certaine tabatière, enfin tout un édifice d'oreillers splendides, car elle dormait assise, et il fallait l'arranger de manière qu'elle se réveillât sans avoir fait un mouvement. On eût dit que chaque soir elle se préparait à une réception d'apparat, et cela avait quelque chose de bizarre et de solennel où elle avait l'air de se complaire.

J'aurais dû me dire que l'espèce d'hallucination auditive qu'elle avait eue en écoutant ma lecture, et la clarté subite de ses idées, même le retour sur elle-même qu'elle avait voulu faire en me parlant de ma mère, indiquaient une situation morale et physique inusitée. Revenir sur ses propres arrêts, s'attribuer un tort, demander, pour ainsi dire, pardon d'une erreur de jugement, cela était bien contraire à ses habitudes. Ses actions démentaient continuellement ses paroles, mais elle n'en convenait pas et maintenait volontiers son dire. En y réfléchissant, j'eus une vague inquiétude, et je redescendis chez elle vers minuit, comme pour reprendre mon livre oublié. Elle était déjà couchée et enfermée, s'étant sentie assoupie un peu plus tôt que de coutume. Ses femmes n'avaient rien trouvé d'extraordinaire en elle, et je remontai fort tranquille.

Depuis trois ou quatre mois, je dormais fort peu. Je n'avais point passé une semaine dans la véritable intimité de ma grand'mère sans m'aviser du peu d'instruction que j'avais acquise au couvent, et sans reconnaître avec le sincère Deschartres que j'étais, selon son expression favorite, d'une *ignorance crasse*. Le désir de ne pas impatienter la bonne maman, qui me reprochait bien un peu vivement quelquefois de lui avoir fait dépenser trois années de couvent pour ne rien apprendre, me poussa, plus que la curiosité ou l'amour-propre, à vouloir m'instruire un peu. Je souffrais de lui entendre dire que l'éducation religieuse était abrutissante, et j'apprenais un peu en cachette, afin de lui en laisser attribuer l'honneur à mes religieuses.

J'entreprenais là une chose impossible. Quiconque manque de mémoire ne peut jamais être instruit réellement, et j'en étais complétement dépourvue. Je me donnais un mal inouï pour mettre de l'ordre dans mes petites notions d'histoire. Je n'avais pas même la mémoire des mots, et déjà j'oubliais l'anglais, qui naguère m'avait été aussi familier que ma propre langue. Je m'évertuais donc à lire et à écrire, depuis dix heures du soir jusqu'à deux ou trois du matin. Je dormais quatre ou cinq heures. Je montais à cheval avant le réveil de ma grand'mère. Je déjeunais avec elle, je lui faisais de la musique et ne la quittais presque plus de la journée ; car, insensiblement, elle s'était habituée à vivre moins avec Julie, et j'avais pris sur moi de lui lire les journaux ou de rester à dessiner dans sa chambre pendant que Deschartres les lui lisait. Cela m'était particulièrement odieux. Je ne saurais dire pourquoi cette chronique journalière du monde réel m'attristait profondément. Elle me sortait de mes rêves, et je crois que la jeunesse ne vit pas d'autre chose que de la contemplation du passé, ou de l'attente de l'inconnu.

Je me souviens que cette nuit-là fut extraordinairement belle et douce. Il faisait un clair de lune voilé par ces petits nuages blancs que Châteaubriand comparait à des flocons de ouate. Je ne travaillai point, je laissai ma fenêtre ouverte et jouai de la harpe en déchiffrant la *Nina* de Paesiello. Puis je sentis le froid et me couchai en rêvant à la douceur et à la bonté de l'épanchement de ma grand'mère avec moi. En donnant enfin la sécurité à mon sentiment filial, et en détournant de moi l'effroi d'une lutte qui avait pesé sur toute ma vie, elle me faisait respirer pour la première fois. Je pouvais enfin réunir et confondre mes deux mères rivales dans le même amour. A ce moment-là, je sentis que je les aimais également et me flattai de leur faire accepter cette idée. Puis je pensai au mariage, à l'homme de cinquante ans, au prochain voyage de Paris, au monde où l'on menaçait de me produire. Je ne fus effrayée de rien. Pour la première fois j'étais optimiste. Je venais de remporter une victoire qui me paraissait décisive sur le grand obstacle de l'avenir. Je me persuadai que j'avais acquis sur ma grand'-

mère un ascendant de tendresse et de persuasion qui me permettrait d'échapper à ses sollicitudes pour mon établissement, que peu à peu elle verrait par mes yeux, me laisserait vivre libre et heureuse à ses côtés, et qu'après lui avoir consacré ma jeunesse, je pourrais lui fermer les yeux sans qu'elle exigeât de moi la promesse de renoncer au cloître. « Tout est bien ainsi, pensai-je. Il est fort inutile de la tourmenter de mes secrets desseins. Dieu les protégera. » Je savais qu'Élisa était sortie du couvent, qu'on la menait dans le monde, qu'elle se résignait à aller au bal, et que rien n'ébranlait sa résolution. Elle m'écrivait qu'elle acceptait l'épreuve à laquelle ses parents avaient voulu la soumettre, qu'elle se sentait chaque jour plus forte dans sa vocation, et que nous nous retrouverions peut-être à Cork sous le voile, si ma qualité de Française m'excluait de la communauté des Anglaises de Paris.

Je m'endormis donc dans une situation d'esprit que je n'avais pas connue depuis longtemps; mais à sept heures du matin Deschartres entra dans ma chambre, et, en ouvrant les yeux, je vis un malheur dans les siens. « Votre grand'mère est perdue, je le crains, me dit-il. Elle a voulu se lever cette nuit. Elle a été prise d'une attaque d'apoplexie et de paralysie. Elle est tombée et n'a pu se relever. Julie vient de la trouver par terre froide, immobile, sans connaissance. Elle est couchée, réchauffée et un peu ranimée ; mais elle ne se rend compte de rien et ne peut faire aucun mouvement. J'ai envoyé chercher le docteur Decerfz. Je vais la saigner. Venez vite à mon aide. »

Nous passâmes la journée à la soigner. Elle recouvra ses esprits, se rappela être tombée, se plaignit seulement des contusions qu'elle s'était faites, s'aperçut qu'elle avait tout un côté *mort* depuis l'épaule jusqu'au talon, mais n'attribua cet engourdissement qu'à la courbature de la chute. La saignée lui rendit cependant un peu d'aisance dans les mouvements qu'on l'aidait à faire, et vers le soir il y eut un mieux si sensible, que je me rassurai et que le docteur partit en me tranquillisant ; mais Deschartres ne se flattait pas. Elle me demanda de lui lire son journal après dîner et parut l'entendre. Puis elle demanda des cartes et ne put les tenir dans sa main. Alors elle commença à divaguer et à se plaindre de ce que nous ne voulions pas la soulager en lui faisant une application de la dame de pique sur le bras. Effrayée, je dis tout bas à Deschartres : « C'est le délire ? — Hélas, non ! me répondit-il ; elle n'a pas de fièvre, c'est l'*enfance !* »

Cet arrêt tomba sur moi pire que l'annonce de la mort. J'en fus si bouleversée que je sortis de la chambre et m'enfuis dans le jardin, où je tombai à genoux dans un coin, voulant prier et ne pouvant pas. Il faisait un temps d'une beauté et d'une tranquillité insolentes. Je crois que j'étais en enfance moi-même dans ce moment-là, car je m'étonnais machinalement que tout semblât sourire autour de moi pendant que j'avais la mort dans l'âme. Je rentrai vite. « Du courage ! me dit Deschartres, qui devenait bon et tendre dans la douleur. Il ne faut pas que vous soyez malade ; elle a besoin de nous ! »

Elle passa la nuit à divaguer doucement. Au jour, elle s'endormit profondément jusqu'au soir. Ce sommeil apoplectique était un nouveau danger à combattre. Le docteur et Deschartres l'en tirèrent avec succès ; mais elle s'éveilla aveugle. Le lendemain elle voyait, mais les objets placés à droite lui paraissaient transportés à gauche. Un autre jour elle bégaya et perdit la mémoire des mots. Enfin après une série de phénomènes étranges et de crises imprévues, elle entra en convalescence. Sa vie était momentanément sauvée. Elle avait des heures lucides. Elle souffrait peu, mais elle était paralytique, et son cerveau affaibli et brisé entrait véritablement dans la phase de l'enfance signalée par Deschartres. Elle n'avait plus de volonté, mais des velléités continuelles et impossibles à satisfaire. Elle ne connaissait plus ni la réflexion ni le courage. Elle voyait mal, n'entendait presque plus. Enfin sa belle intelligence, sa belle âme étaient mortes.

Il y eut beaucoup de phases différentes dans l'état de ma pauvre malade. Au printemps elle fut mieux. Durant l'été nous crûmes un instant à une guérison radicale, car elle retrouva de l'esprit, de la gaieté et une sorte de mémoire relative. Elle passait la moitié de sa journée sur son fauteuil. Elle se traînait, appuyée sur nos bras, jusque dans la salle à manger, où elle mangeait avec appétit. Elle s'asseyait dans le jardin au soleil ; elle écoutait encore quelquefois son journal et s'occupait même de ses affaires et de son testament avec sollicitude pour tous les siens. Mais à l'entrée de l'automne, elle retomba dans une torpeur constante et finit sans souffrance et sans conscience de sa fin, dans un sommeil léthargique, le 25 décembre 1821.

J'ai beaucoup vécu, beaucoup pensé, beaucoup changé dans ces dix mois, pendant lesquels ma grand'mère ne recouvra, dans ses meilleurs moments, qu'une demi-existence. Aussi raconterai-je comment la mienne pivota autour du lit de la pauvre moribonde, sans vouloir trop attrister mes lecteurs des détails douloureux d'une lente et inévitable destruction.

CHAPITRE QUATRIÈME

Tristesses, promenades et rêveries. — Luttes contre le sommeil. — Premières lectures sérieuses. — Le *Génie du christianisme* et l'*Imitation de Jésus-Christ*. — La vérité absolue, la vérité relative. — Scrupules de conscience. — Hésitation entre le développement et l'abrutissement de l'esprit. — Solution. — L'abbé de Prémord. — Mon opinion sur l'esprit des jésuites. — Lectures métaphysiques. — La guerre des Grecs. — Deschartres prend parti pour le Grand Turc. — Leibnitz. — Grande impuissance de mon cerveau : victoire de mon cœur. — Relâchement dans les pratiques de la dévotion, avec un redoublement de foi. — Les églises de campagne et de province. — Jean-Jacques Rousseau, le *Contrat social*.

Si ma destinée m'eût fait passer immédiatement de la domination de ma grand'mère à celle d'un mari ou à celle du couvent, il est possible que, soumise toujours à des influences acceptées, je n'eusse jamais été moi-même. Il n'y a guère d'initiative dans une nature endormie comme la mienne, et la dévotion sans examen, qui allait si bien à ma langueur d'esprit, m'eût interdit de demander à ma raison la sanction de ma foi. Les petits efforts, insensibles en apparence, mais continuels, de ma grand'mère pour m'ouvrir les yeux ne produisaient qu'une sorte de réaction intérieure. Un mari voltairien comme elle eût fait pis encore. Ce n'était pas par l'*esprit* que je pouvais être modifiée ; n'ayant pas d'esprit du tout, j'étais insensible à la raillerie, que, d'ailleurs, je ne comprenais pas toujours.

Mais il était décidé par le sort que dès l'âge de dix-sept ans il y aurait pour moi un temps d'arrêt dans les influences extérieures, et que je m'appartiendrais entièrement pendant près d'une année, pour devenir, en bien ou en mal, ce que je devais être à peu près tout le reste de ma vie.

Il est rare qu'un enfant de famille, un enfant de mon sexe surtout, se trouve abandonné si jeune à sa propre gouverne. Ma grand'mère paralysée n'eut plus, même dans ses moments les plus lucides, la moindre pensée de direction morale ou intellectuelle à mon égard. Toujours tendre et caressante, elle s'inquiétait encore quelquefois de ma santé ; mais toute autre préoccupation, même celle de mon mariage, qu'elle ne pouvait plus traiter par lettres, sembla écartée de son souvenir.

Ma mère ne vint pas, malgré ma prière, disant que l'état de ma grand'mère pouvait se prolonger indéfiniment, et qu'elle ne devait pas quitter Caroline. Je dus me rendre à cette bonne raison et accepter la solitude.

De Chartres, abattu d'abord, puis résigné, sembla changer entièrement de caractère avec moi. Il me remit, bon gré, mal gré, tous ses pouvoirs, exigea que je tinsse la comptabilité de la maison, que tous les ordres vinssent de moi, et me traita comme une personne mûre, capable de diriger les autres et soi-même.

C'était beaucoup présumer de ma capacité, et cependant bien lui en prit, comme on le verra par la suite.

Je n'eus pas de grandes peines à me donner pour maintenir l'ordre établi dans la maison. Tous les domestiques étaient fidèles. Comme fermier, Deschartres continuait à diriger les travaux de la campagne, auxquels il m'eût été impossible de rien entendre, malgré tous ses efforts antérieurs pour m'y faire prendre goût. J'étais née amateur, et rien de plus.

Ce pauvre Deschartres, voyant que l'état de ma grand'mère, en me privant de mon unique et de ma plus douce société intellectuelle, me jetait dans un ennui et dans un découragement profonds, que je maigrissais à vue d'œil, et que ma santé s'altérait sensiblement, fit tout son possible pour me distraire et me secouer. Il me donna Colette en toute propriété, et même, pour me rendre le goût de l'équitation, que je perdais avec mon activité, il m'amena toutes les pouliches et tous les poulains de ses domaines, me priant, après les avoir essayés, de m'en servir pour varier mes plaisirs. Ces essais lui coûtèrent plus d'une chute sur le pré, et il fut forcé de convenir que, sans rien savoir, j'étais plus solide que lui, qui se piquait de théorie. Il était si roide et si compassé à cheval, qu'il s'y fatiguait vite, et j'allais trop vite aussi pour lui. Il me donna donc pour écuyer, ou plutôt pour *page* le petit André, qui était solide comme un singe attaché à un poney; et, me suppliant de ne point passer un jour sans promenade, il nous laissa courir les champs de compagnie.

Revenant toujours à Colette, à l'adresse et à l'esprit de laquelle rien ne pouvait être comparé, je pris donc l'habitude de faire tous les matins huit ou dix lieues en quatre heures, m'arrêtant quelquefois dans une ferme pour prendre une jatte de lait, marchant à l'aventure, explorant le pays au hasard, passant partout, même dans les endroits réputés impossibles, et me laissant aller à des rêveries sans fin, qu'André, très-bien stylé par Deschartres, ne se permettait pas d'interrompre par la moindre réflexion. Il ne retrouvait son esprit naturel que lorsque je m'arrêtais pour manger, parce que j'exigeais qu'il s'assît alors, comme par le passé, à la même table que moi chez les paysans; et là, résumant les impressions de la promenade, il m'égayait de ses remarques naïves et de son parler berrichon. A peine remis en selle, il redevenait muet, consigne que je n'aurais pas songé à lui imposer, mais que je trouvais fort agréable, car cette rêverie au galop, ou cet oubli de toutes choses que le spectacle de la nature nous procure, pendant que le cheval au pas, abandonné à lui-même, s'arrête pour brouter les buissons sans qu'on s'en aperçoive; cette succession lente ou rapide de paysages, tantôt mornes, tantôt délicieux; cette absence de but, ce laisser passer du temps qui s'envole; ces rencontres pittoresques de troupeaux ou d'oiseaux voyageurs; le doux bruit de l'eau qui clapote sous les pieds des chevaux; tout ce qui est repos ou mouvement, spectacle des yeux ou sommeil de l'âme dans la promenade solitaire, s'emparait de moi et suspendait absolument le cours de mes réflexions et le souvenir de mes tristesses.

Je devins donc tout à fait poëte, et poëte exclusivement par les goûts et le caractère, sans m'en apercevoir et sans le savoir. Où je ne cherchais qu'un délassement tout physique, je trouvai une intarissable source de jouissances morales que j'aurais été bien embarrassée de définir, mais qui me ranimait et me renouvelait chaque jour davantage.

Si l'inquiétude ne m'eût ramenée auprès de ma pauvre malade, je me serais oubliée, je crois, des jours entiers dans ces courses; mais comme je sortais de grand matin, presque toujours à la première aube, aussitôt que le soleil commençait à me frapper sur la tête, je reprenais au galop le chemin de la maison. Je m'apercevais souvent alors que le pauvre André était accablé de fatigue; je m'en étonnais toujours, car je n'ai jamais vu la fin de mes forces à cheval, où je crois que les femmes, par leur position en selle et la souplesse de leurs membres, peuvent, en effet, tenir beaucoup plus longtemps que les hommes.

Je cédais cependant quelquefois Colette à mon petit page, afin de le reposer, par la douceur de son allure, et je montais ou la vieille jument normande qui avait sauvé la vie à mon père dans plus d'une bataille par son intelligence et la fidélité de ses mouvements, ou le terrible général Pépé, qui avait des coups de reins formidables; mais je n'en étais pas plus lasse au retour, et je rentrais beaucoup plus éveillée et active que je n'étais partie.

C'est grâce à ce mouvement salutaire que je sentis tout à coup ma résolution de m'instruire cesser d'être un devoir pénible et devenir un attrait tout-puissant par lui-même. D'abord, sous le coup du chagrin et de l'inquiétude, j'avais essayé de tromper les longues heures que je passais auprès de ma malade, en lisant des romans de Florian, de madame de Genlis et de Van der Welde. Ces derniers me parurent charmants; mais ces lectures, entrecoupées par les soins et les anxiétés que m'imposait ma situation de garde-malade, ne laissèrent presque rien dans mon esprit, et, à mesure que la crainte de la mort s'éloignait pour faire place en moi à une mélancolique et tendre habitude de soins quasi maternels, je revins à des lectures plus sérieuses, qui bientôt m'attachèrent passionnément.

J'avais eu d'abord à lutter contre le sommeil, et je puisais sans cesse dans la tabatière de ma bonne maman pour ne pas succomber à l'atmosphère sombre et tiède de sa chambre. Je pris aussi beaucoup de café noir sans sucre, et même de l'eau-de-vie quelquefois, pour ne pas m'endormir quand elle voulait causer toute la nuit ; car il lui arrivait de temps en temps de prendre la nuit pour le jour, et de se fâcher de l'obscurité et du silence où nous voulions, disait-elle, la tenir. Julie et Deschartres essayèrent quelquefois d'ouvrir les fenêtres, pour lui montrer qu'il faisait nuit en effet. Alors elle s'affligeait profondément, disant qu'elle était bien sûre que nous étions en plein midi, et qu'elle devenait aveugle, puisqu'elle ne voyait pas le soleil.

Nous pensâmes qu'il valait mieux lui céder en toute chose et détourner surtout la tristesse. Nous allumions donc beaucoup de bougies derrière son lit et lui laissions croire qu'elle voyait la clarté du jour. Nous nous tenions éveillés autour d'elle, et prêts à lui répondre quand, à tout moment, elle sortait de sa somnolence pour nous parler.

Les commencements de cette existence bizarre

me furent très-pénibles. J'avais un impérieux besoin du peu de sommeil que je m'étais accordé précédemment. Je grandissais encore. Mon développement, contrarié par ce genre de vie, devenait une angoisse nerveuse indicible. Les excitants, que j'abhorrais comme antipathiques à ma tendance calme, me causaient des maux d'estomac et ne me réveillaient pas.

Mais la reprise de l'équitation imposée par Deschartres m'ayant fait en peu de jours une santé et une force nouvelles, je pus veiller et travailler sans stimulants comme sans fatigue, et c'est alors seulement que, sentant changer en moi mon organisation physique, je trouvai dans l'étude un plaisir et une facilité que je ne connaissais pas.

C'était mon confesseur, le curé de la Châtre, qui m'avait prêté le *Génie du christianisme*. Depuis six semaines je n'avais pu me décider à le rouvrir, l'ayant fermé sur une page qui marquait une si vive douleur dans ma vie. Il me le redemanda. Je le priai d'attendre encore un peu, et me résolus à le recommencer pour le lire en entier avec réflexion, ainsi qu'il me le recommandait.

Chose étrange, cette lecture destinée par mon confesseur à river mon esprit au catholicisme, produisit en moi l'effet tout contraire de m'en détacher pour jamais. Je dévorai le livre, je l'aimai passionnément, fond et forme, défauts et qualités

Je le fermai persuadée que mon âme avait grandi de cent coudées; que cette lecture avait été pour moi un second effet du *Tolle, lege* de saint Augustin ; que désormais j'avais acquis une force de persuasion à toute épreuve, et que non-seulement je pouvais tout lire, mais encore que je devais étudier tous les philosophes, tous les profanes, tous les hérétiques, avec la douce certitude de trouver dans leurs erreurs la confirmation et la garantie de ma foi.

Un instant renouvelée dans mon ardeur religieuse, que l'isolement et la tristesse de ma situation avaient beaucoup refroidie, je sentis ma dévotion se redorer de tout le prestige de la poésie romantique. La foi ne se fit plus sentir comme une passion aveugle, mais comme une lumière éclatante. Jean Gerson m'avait tenue longtemps sous la cloche, doucement pesante, de l'humilité d'esprit, de l'anéantissement de toute réflexion, de l'absorption en Dieu et du mépris pour la science humaine, avec un salutaire mélange de crainte de ma propre faiblesse. L'*Imitation de Jésus-Christ* n'était plus mon guide. Le saint des anciens jours perdait son influence; Chateaubriand, l'homme de sentiment et d'enthousiasme, devenait mon prêtre et mon initiateur. Je ne voyais pas le poëte sceptique, l'homme de la gloire mondaine, sous ce catholique dégénéré des temps modernes.

Ceci ne fut point ma faute, et je ne songeai pas à m'en confesser. Le confesseur lui-même avait mis le poison dans mes mains. Je m'en étais nourrie de confiance. L'abîme de l'examen était ouvert, et je devais y descendre, non, comme Dante, sur le *tard de la vie*, mais à la fleur de mes ans et dans toute la clarté de mon premier réveil.

Hélas ! toi seul es logique, toi seul es réellement catholique, pécheur converti, assassin de Jean Huss, coupable et repentant Gerson ! C'est toi qui as dit :

« Mon fils, ne vous laissez point toucher par la
» beauté et la finesse des discours des hommes. Ne
» lisez jamais ma parole dans l'intention d'être
» plus habile ou plus sage. Vous profiterez plus à
» détruire le mal en vous-même qu'à approfondir
» des questions difficiles.

» Après beaucoup de lectures et de connais-
» sances, il en faut toujours revenir à un seul prin-
» cipe : C'est moi *qui donne la science aux hommes,*
» et j'accorde aux petits une intelligence plus claire
» que les hommes n'en peuvent communiquer.

» Un temps viendra où Jésus-Christ, le maître
» des maîtres, le seigneur des anges, paraîtra pour
» entendre les leçons de tous les hommes, c'est-à-
» dire pour examiner la conscience de chacun.
» Alors, *la lampe à la main, il visitera les recoins*
» *de Jérusalem, et ce qui était caché dans les ténè-*

CHAPITRE QUATRIÈME.   135

» *bres sera mis au jour*, et les raisonnements des
» hommes n'auront point de lieu.

» C'est moi qui élève un esprit humble, au point
» qu'il pénètre en un moment plus de secrets de la
» vérité éternelle qu'un autre n'en apprendrait
» dans les écoles en dix années d'étude. — J'in-
» struis sans bruit de paroles, sans mélange d'opi-
» nions, sans faste d'honneur et sans agitation
» d'arguments...

» Mon fils, ne sois point curieux, et ne te
» charge point de soins inutiles.

» *Qu'est-ce que ceci ou cela vous regarde ? Pour*
» *vous, suivez-moi !* »

» En effet, que vous importe que celui-ci soit de
» telle ou telle humeur ? que celui-là agisse ou
» parle de telle ou telle manière ?

» Vous n'avez point à répondre pour les autres.
» Vous rendrez compte pour vous-même. De quoi
» vous embarrassez-vous donc ?

» Je connais tous les hommes ; je vois tout ce
» qui se passe sous le soleil, et je sais l'état de
» chacun en particulier, ce qu'il pense, ce qu'il
» désire, à quoi tendent ses desseins...

» Ne vous mettez point en peine de choses qui
» sont une source de distractions et de grands obs-
» curcissements de cœur. . . . .

» Apprenez à obéir, poussière que vous êtes !

» apprenez, terre et boue, à vous abaisser sous les
» pieds de tout le monde. . . . .

» Demeure ferme et espère en moi, car que sont
» des paroles, sinon des paroles? Elles frappent
» l'air, mais elles ne blessent point la pierre. . . .

» L'homme a pour ennemis *ceux de sa propre*
» *maison, et il ne faut point ajouter foi à ceux qui*
» *diront : Le Christ est ici, ou : Il est là!* . . . . .

» Ne te réjouis en aucune chose, mais dans le
» mépris de toi-même et dans l'accomplissement
» de ma seule volonté. . . . .

» Quitte-toi toi-même, et tu me trouveras. De-
» meure sans choix et sans propriété d'aucune
» chose, et tu gagneras ainsi beaucoup.

» Tu t'abandonneras ainsi toujours, à toute
» heure, dans les petites choses comme dans les
» grandes. Je n'excepte rien. Je veux, en tout, te
» trouver dégagé de tout.

» Quitte-toi, résigne-toi. Donne tout pour tout.
» Ne cherche rien, ne reprends rien, et tu me pos-
» séderas. Tu auras la liberté du cœur, et les ténè-
» bres ne t'offusqueront plus.

» Que tes efforts, et tes prières, et tes désirs
» aient pour but de te dépouiller de toute pro-
» priété, et de suivre, nu, Jésus-Christ nu, de
» mourir à toi-même et de vivre éternellement à
» moi. . . . .

CHAPITRE QUATRIÈME.

» *Rougissez, Sidon, dit la mer!...* Rougissez
» donc, serviteurs paresseux et plaintifs, de voir
» que les gens du monde sont plus ardents pour
» leur perte que vous ne l'êtes pour votre salut ! »
Voilà, non pas le véritable esprit de l'Évangile,
mais la véritable loi du prêtre, la vraie prescription
de l'Église orthodoxe : « Quitte-toi, abîme-toi,
méprise-toi ; détruis ta raison, confonds ton jugement ; fuis le bruit des paroles humaines. Rampe,
et fais-toi poussière sous la loi du mystère divin ;
n'aime rien, n'étudie rien, ne sache rien, ne possède rien, ni dans tes mains ni dans ton âme.
Deviens une abstraction fondue et prosternée dans
l'abstraction divine ; méprise l'humanité, détruis
la nature ; fais de toi une poignée de cendres, et
tu seras heureux. Pour avoir tout, il faut tout
quitter. » Ainsi se résume ce livre à la fois sublime
et stupide, qui peut faire des saints, mais qui ne
fera jamais un homme.

J'ai dit sans aigreur et sans dédain, j'espère, les
délices de la dévotion contemplative. Je n'ai point
combattu en moi le souvenir tendre et reconnaissant de l'éducation monastique. J'ai jugé le passé
de mon cœur avec mon cœur. Je chéris et bénis
encore les êtres qui m'ont plongée dans ces extases
par le doux magnétisme de leur angélique simplicité. On me pardonnera bien, par la suite, à quelque croyance qu'on appartienne, de me juger

moi-même et d'analyser l'essence des choses dont on m'a nourrie.

Si on ne me le pardonnait pas, je n'en serais pas moins sincère. Ce livre n'est pas une protestation systématique. Dieu me garde d'altérer pour moi, par un parti pris d'avance, le charme de mes propres souvenirs ; mais c'est l'histoire de ma vie, et, dans tout ce que j'en veux dire, je veux être vraie.

Je n'hésiterai donc pas à le dire : Le catholicisme de Jean Gerson est anti-évangélique, et, pris au pied de la lettre, c'est une doctrine d'abominable égoïsme. Je m'en aperçus le jour où je le comparai, non avec le *Génie du christianisme*, qui est un livre d'art, et nullement un livre de doctrine, mais avec toutes les pensées que ce livre d'art me suggéra. Je sentis qu'il y avait une lutte ouverte en moi, et complète, entre l'esprit et le résultat de ces deux lectures. D'un côté, l'annihilation absolue de l'intelligence et du cœur en vue du salut personnel ; de l'autre, le développement de l'esprit et du sentiment, en vue de la religion commune.

Je relus alors l'*Imitation* dans l'exemplaire que m'avait donné Marie Alicia [1], et qui est encore là sous mes yeux, avec le nom, écrit de cette main chérie et vénérée. — Je savais par cœur ce chef-

---

[1] Traduction du jésuite Gonnelieu, 17....

CHAPITRE QUATRIÈME. 139

d'œuvre de forme et d'éloquente concision. Il m'avait charmée et persuadée de tout point; mais la logique est puissante dans le cœur des enfants. Ils ne connaissent pas le sophisme et les capitulations de conscience. L'*Imitation* est le livre du cloître par excellence, c'est le code du tonsuré. Il est mortel à l'âme de quiconque n'a pas rompu avec la société des hommes et les devoirs de la vie humaine. Aussi avais-je rompu, dans mon âme et dans ma volonté, avec les devoirs de fille, de sœur, d'épouse et de mère ; je m'étais dévouée à l'éternelle solitude en buvant à cette source de béate personnalité.

En le relisant après le *Génie du christianisme*, il me sembla entièrement nouveau, et je vis toutes les conséquences terribles de son application dans la pratique de la vie. Il me commandait d'oublier toute affection terrestre, d'éteindre toute pitié dans mon sein, de briser tous les liens de la famille, de n'avoir en vue que moi-même et de laisser tous les autres au jugement de Dieu. Je commençai à être effrayée et à me repentir sérieusement d'avoir marché entre la famille et le cloître sans prendre un parti décisif. Trop sensible au chagrin de mes parents ou au besoin qu'ils pouvaient avoir de moi, j'avais été irrésolue, craintive. J'avais laissé mon zèle se refroidir, ma résolution vaciller et se changer en un vague désir mêlé d'impuissants regrets. J'avais fait de nombreuses concessions à ma grand'-

mère, qui voulait me voir instruite et lettrée. J'étais le serviteur *paresseux et plaintif, qui ne se veut point dégager de toute affection charnelle et de toute condescendance particulière*. J'avais donc répudié la doctrine, à partir du jour où, cédant aux ordres de mon directeur, j'étais devenue gaie, affectueuse, obligeante avec mes compagnes, soumise et dévouée envers mes parents. Tout était coupable en moi, même mon admiration pour sœur Hélène, même mon amitié pour Marie Alicia, même ma sollicitude pour ma grand'mère infirme.... Tout était criminel dans ma conscience et dans ma conduite, — ou bien le livre, le divin livre avait menti.

Pourquoi donc alors le docte et savant abbé de Prémord, qui me voulait aimante et charitable, pourquoi ma douce mère Alicia, qui repoussait l'idée de ma vocation religieuse, m'avaient-ils donné et recommandé ce livre? Il y avait là une inconséquence énorme; car, sans m'amener à la pratique véritable de l'insensibilité pour les autres, le livre m'avait fait du mal. Il m'avait tenue dans un juste milieu entre l'inspiration céleste et les sollicitudes terrestres. Il m'avait empêchée d'embrasser avec franchise les goûts de la vie domestique et les aptitudes de la famille. Il m'avait amenée à une morne révolte intérieure, dont ma soumission passive était la manifestation, trop cruelle si elle eût été com-

CHAPITRE QUATRIÈME. 141

prise ! J'avais trompé ma grand'mère par le silence, quand elle croyait m'avoir convaincue. Et qui sait si ses chagrins, ses susceptibilités, ses injustices n'avaient pas rencontré en moi une cause secrète qui les légitimait, encore qu'elle l'ignorât ? Elle avait souvent trouvé mes caresses froides et mes promesses évasives. Peut-être avait-elle senti en moi, sans pouvoir s'en rendre compte, un obstacle à la sécurité de sa tendresse.

De plus en plus épouvantée par mes réflexions, je m'affligeai profondément de la faiblesse de mon caractère et de l'*obscurcissement* de mon esprit, qui ne m'avaient pas permis de suivre une route évidente et droite. J'étais d'autant plus désolée que je m'avisais de cela alors qu'il était trop tard pour le réparer, et au lendemain du malheureux jour où ma grand'mère avait perdu la faculté de comprendre mon retour à ses idées sur mon présent et mon avenir.

Tout était consommé maintenant, qu'elle vécût infirme de corps et d'âme pendant un an ou dix, ma place assidue était bien marquée à ses côtés ; mais pour la suite de mon existence, il me fallait faire un choix entre le ciel et la terre ; ou la manne d'ascétisme dont je m'étais à moitié nourrie était un aliment pernicieux dont il fallait à tout jamais me débarrasser, ou bien le livre avait raison, je devais repousser l'art et la science, et la poésie, et le rai-

8.

sonnement, et l'amitié et la famille; passer les jours et les nuits en extase et en prières auprès de ma moribonde, et de là, divorcer avec toutes choses et m'envoler vers les lieux saints pour ne jamais redescendre dans le commerce de l'humanité.

Voici ce que Chateaubriand répondait à ma logique exaltée :

« Les défenseurs des chrétiens tombèrent (au
» dix-huitième siècle) dans une faute qui les avait
» déjà perdus. Ils ne s'aperçurent pas qu'il ne s'a-
» gissait plus de discuter tel ou tel dogme, puis-
» qu'on rejetait absolument les bases. En partant
» de la mission de Jésus-Christ, et remontant de
» conséquence en conséquence, ils établissaient sans
» doute fort solidement les vérités de la foi; mais
» cette manière d'argumenter, bonne au dix-sep-
» tième siècle, lorsque le fond n'était point contesté,
» ne valait plus rien de nos jours. Il fallait prendre
» la route contraire, passer de l'effet à la cause, *ne*
» *pas prouver que le christianisme est excellent parce*
» *qu'il vient de Dieu, mais qu'il vient de Dieu parce*
» *qu'il est excellent.* . . . .
. . . .
» *Il fallait prouver* que, de toutes les religions qui
» ont jamais existé, la religion chrétienne est la
» plus poétique, la plus humaine, la plus favorable
» à la liberté, aux arts et aux lettres..... On devait
» montrer qu'il n'y a rien de plus divin que sa mo-

CHAPITRE QUATRIÈME. 143

» rale ; rien de plus aimable, de plus pompeux que
» ses dogmes, sa doctrine et son culte. On devait
» dire qu'elle favorise le génie, épure le goût, dé-
» veloppe les passions vertueuses, donne de la vi-
» gueur à la pensée,..... qu'il n'y a point de honte
» à croire avec Newton et Bossuet, Pascal et Ra-
» cine ; enfin, il fallait appeler tous les enchante-
» ments de l'imagination et tous les intérêts du
» cœur au secours de cette même religion contre
» laquelle on les avait armés. . . . .
» Mais n'y a-t-il pas de danger à envisager la
» religion sous un jour parfaitement humain ? Et
» pourquoi ? Notre religion craint-elle la lumière ?
» Une grande preuve de sa céleste origine, c'est
» qu'elle souffre l'examen le plus sévère et le plus
» minutieux de la raison. Veut-on qu'on nous fasse
» éternellement le reproche de cacher nos dogmes
» dans une nuit sainte, de peur qu'on n'en découvre
» la fausseté ? Le christianisme sera-t-il moins vrai
» parce qu'il paraîtra plus beau ? Bannissons une
» frayeur pusillanime. Par excès de religion, ne
» laissons pas la religion périr. Nous ne sommes
» plus dans le temps où il était bon de dire : *Croyez,*
» *et n'examinez pas.* On examinera malgré nous,
» et notre silence timide, augmentant le triomphe
» des incrédules, diminuera le nombre des fidèles. »

On voit que la question était bien nettement
posée devant mes yeux. D'une part, abrutir en soi-

même tout ce qui n'est pas la contemplation immédiate de Dieu seul ; de l'autre, chercher autour de soi et s'assimiler tout ce qui peut donner à l'âme des éléments de force et de vie pour rendre gloire à Dieu. L'alpha et l'oméga de la doctrine. « Soyons boue et poussière, soyons flamme et lumière. — N'examinez rien si vous voulez croire. — Pour tout croire, il faut tout examiner. » A qui entendre ?

L'un de ces livres était-il complétement hérétique ? Lequel ? Tous deux m'avaient été donnés par les directeurs de ma conscience. Il y avait donc deux vérités contradictoires dans le sein de l'Église ? Chateaubriand proclamait la vérité relative. Gerson la déclarait absolue.

J'étais dans de grandes perplexités. Au galop de Colette, j'étais tout Chateaubriand. A la clarté de ma lampe, j'étais tout Gerson, et me reprochais le soir mes pensées du matin.

Une considération extérieure donna la victoire au néo-chrétien. Ma grand'mère avait été de nouveau, pendant quelques jours, en danger de mort. Je m'étais cruellement tourmentée de l'idée qu'elle ne se réconcilierait pas avec la religion et mourrait sans sacrements ; mais, bien qu'elle eût été parfois en état de m'entendre, je n'avais pas osé lui dire un mot qui pût l'éclairer sur son état et la faire condescendre à mes désirs. Ma foi m'ordonnait cepen-

CHAPITRE QUATRIÈME.

dant impérieusement cette tentative : mon cœur me l'interdisait avec plus d'énergie encore.

J'eus d'affreuses angoisses à ce sujet, et tous mes scrupules et cas de conscience du couvent me revinrent. Après des nuits d'épouvante et des jours de détresse, j'écrivis à l'abbé de Prémord pour lui demander de me dicter ma conduite et lui avouer toutes les faiblesses de mon affection filiale. Loin de les condamner, l'excellent homme les approuva :

« Vous avez mille fois bien agi, ma pauvre enfant,
» en gardant le silence, m'écrivait-il dans une lon-
» gue lettre pleine de tolérance et de suavité. Dire
» à votre grand'mère qu'elle était en danger, c'eût
» été la tuer. Prendre l'initiative dans l'affaire dé-
» licate de sa conversion, cela serait contraire au
» respect que vous lui devez. Une telle inconve-
» nance eût été vivement sentie par elle, et l'eût
» peut-être éloignée sans retour des sacrements.
» Vous avez été bien inspirée de vous taire et de
» prier Dieu de l'assister directement. *N'ayez jamais*
» *d'effroi quand c'est votre cœur qui vous conseille :*
» *le cœur ne peut pas tromper.* Priez toujours, espé-
» rez, et, quelle que soit la fin de votre pauvre
» grand'mère, comptez sur la sagesse et la miséri-
» corde infinies. Tout votre devoir auprès d'elle est
» de continuer à l'entourer des plus tendres soins.
» En voyant votre amour, votre modestie, l'humi-
» lité, et, si je puis parler ainsi, la *discrétion* de votre

» foi, elle voudra peut-être, pour vous récompenser,
» répondre à votre secret désir et faire acte de foi
» elle-même. Croyez à ce que je vous ai toujours
» dit : Faites aimer en vous la grâce divine. C'est
» la meilleure exhortation qui puisse sortir de
» nous. »

Ainsi l'aimable et vertueux vieillard transigeait aussi avec les affections humaines. Il laissait percer l'espoir du salut de ma grand'mère, dût-elle mourir sans réconciliation officielle avec l'Église, dût-elle mourir même sans y avoir songé ! Cet homme était un saint, un vrai chrétien, dirai-je *quoique* jésuite, ou *parce que* jésuite ?

Soyons équitables. Au point de vue politique, en tant que républicains, nous haïssons ou redoutons cette secte éprise de pouvoir et jalouse de domination. Je dis *secte* en parlant des disciples de Loyola, car c'est une secte, je le soutiens. C'est une importante modification à l'orthodoxie romaine. C'est une hérésie bien conditionnée. Elle ne s'est jamais déclarée telle, voilà tout. Elle a sapé et conquis la papauté sans lui faire une guerre apparente ; mais elle s'est ri de son infaillibilité tout en la déclarant souveraine. Bien plus habile en cela que toutes les autres hérésies, et partant, plus puissante et plus durable.

Oui, l'abbé de Prémord était plus chrétien que l'Église intolérante, et il était hérétique parce qu'il était jésuite. La doctrine de Loyola est la boîte de Pandore. Elle contient tous les maux et tous les biens. Elle est une assise de progrès et un abîme de destruction, une loi de vie et de mort. Doctrine officielle, elle tue ; doctrine cachée, elle ressuscite ce qu'elle a tué.

Je l'appelle doctrine, qu'on ne me chicane pas sur les mots, je dirai esprit de corps, tendance d'institution, si l'on veut ; son esprit dominant et agissant consiste surtout à ouvrir à chacun la voie qui lui est propre. C'est pour elle que la vérité est souverainement relative, et ce principe une fois admis dans le secret des consciences, l'Église catholique est renversée.

Cette doctrine tant discutée, tant décriée, tant signalée à l'horreur des hommes de progrès, est encore dans l'Église la dernière arche de la foi chrétienne. Derrière elle, il n'y a que l'absolutisme aveugle de la papauté. Elle est la seule religion praticable pour ceux qui ne veulent pas rompre avec *Jésus-Christ Dieu*. L'Église romaine est un grand cloître où les devoirs de l'homme en société sont inconciliables avec la loi du salut. Qu'on supprime l'amour et le mariage, l'héritage et la famille, la loi du renoncement catholique est parfaite. Son code est l'œuvre du génie de la destruction ; mais dès qu'elle admet une autre société que la communauté monastique, elle est un labyrinthe de contradictions et d'inconséquences. Elle est forcée de se mentir à elle-même et de permettre à chacun ce qu'elle défend à tous.

Alors, pour quiconque réfléchit, la foi est ébranlée. Mais arrive le jésuite qui dit à l'âme troublée et incertaine : « Va comme tu peux et selon tes forces. La parole de Jésus est éternellement accessible à l'interprétation de la conscience éclairée. Entre l'Église et toi, il nous a envoyés pour lier ou délier. Crois en nous, donne-toi à nous, qui sommes une nouvelle église dans l'Église : une église tolérée et tolérante, une planche de salut entre la règle et le fait. Nous avons découvert le seul moyen d'asseoir sur une base quelconque la diffusion et l'incertitude des croyances humaines. Ayant bien reconnu l'impossibilité d'une vérité absolue dans la pratique, nous avons découvert la vérité applicable à tous les cas, à tous les fidèles. Cette vérité, cette base, c'est l'*intention*. L'intention est tout, le fait n'est rien. Ce qui est mal peut être bien, et réciproquement, selon le but qu'on se propose. »

Ainsi Jésus avait parlé à ses disciples dans la sincérité de son cœur tout divin, quand il leur avait dit : « *L'esprit vivifie, la lettre tue.* Ne faites pas comme ces hypocrites et ces stupides qui font consister toute la religion dans les pratiques du jeûne et de la pénitence extérieure. Lavez vos mains et repentez-vous dans vos cœurs. »

CHAPITRE QUATRIÈME.   149

Mais Jésus n'avait eu que des paroles de vie d'une extension immense. Le jour où la papauté et les conciles s'étaient déclarés infaillibles dans l'interprétation de cette parole, ils l'avaient tuée, ils s'étaient substitués à Jésus-Christ. Ils s'étaient octroyé la divinité. Aussi, forcément entraînés à condamner au feu, en ce monde et en l'autre, tout ce qui se séparait de leur interprétation et des préceptes qui en découlent, ils avaient rompu avec le vrai christianisme, brisé le pacte de miséricorde infinie de la part de Dieu, de tendresse fraternelle entre tous les hommes, et substitué au sentiment évangélique si humain et si vaste le sentiment farouche et despotique du moyen âge.

En principe, la doctrine des jésuites était donc, comme son nom l'indique, un retour à l'esprit véritable de Jésus, une hérésie déguisée, par conséquent, puisque l'Église a baptisé ainsi toute protestation secrète ou déclarée contre ses arrêts souverains. Cette doctrine insinuante et pénétrante avait tourné la difficulté de concilier les arrêts de l'orthodoxie avec l'esprit de l'Évangile. Elle avait rajeuni les forces du prosélytisme en touchant le cœur et en rassurant l'esprit, et tandis que l'Église disait à tous : « Hors de moi point de salut ! » le jésuite disait à chacun : « Quiconque fait de son mieux et selon sa conscience sera sauvé. »

Dirai-je maintenant pourquoi Pascal eut raison

de flétrir Escobar et sa séquelle? C'est bien inutile; tout le monde le sait et le sent de reste : comment une doctrine qui eût pu être si généreuse et si bienfaisante est devenue, entre les mains de certains hommes, l'athéisme et la perfidie, ceci est de l'histoire réelle et rentre dans la triste fatalité des faits humains. Les pères de l'Église jésuitique espagnole ont du moins sur certains papes de Rome l'avantage pour nous de n'avoir pas été déclarés infaillibles par des pouvoirs absolus, ni reconnus pour tels par une notable portion du genre humain. Ce n'est jamais par les résultats historiques qu'il faut juger la pensée des institutions. A ce compte, il faudrait proscrire l'Évangile même, puisqu'en son nom tant de monstres ont triomphé, tant de victimes ont été immolées, tant de générations ont passé courbées sous le joug de l'esclavage. Le même suc, extrait à doses inégales du sein d'une plante, donne la vie ou la mort. Ainsi de la doctrine des jésuites, ainsi de la doctrine de Jésus lui-même.

L'*institut* des jésuites, car c'est ainsi que s'intitula modestement cette secte puissante, renfermait donc implicitement ou explicitement dans le principe une doctrine de progrès et de liberté. Il serait facile de le démontrer par des preuves, mais ceci m'entraînerait trop loin, et je ne fais point ici une controverse. Je résume une opinion et un sentiment personnels, appuyés en moi sur un ensemble de leçons, de conseils et de faits que je ne pourrai pas tous dire (car si le confesseur doit le secret au pénitent, le pénitent doit au confesseur, même au delà de la tombe, le silence de la loyauté sur certaines décisions qui pourraient être mal interprétées) ; mais cet ensemble d'expériences personnelles me persuade que je ne juge ni avec trop de partialité de cœur, ni avec trop de sévérité de conscience la pensée mère de cette secte. Si on la juge dans le présent, je sais comme tout le monde ce qu'elle renferme désormais de dangers politiques et d'obstacles au progrès ; mais si on la juge comme pensée ayant servi de corps à un ensemble de progrès, on ne peut nier qu'elle n'ait fait faire de grands pas à l'esprit humain et qu'elle n'ait beaucoup souffert, au siècle dernier, pour le principe de la liberté intellectuelle et morale, de la part des apôtres de la liberté philosophique ; mais ainsi va le monde sous la loi déplorable d'un malentendu perpétuel. Trop de besoins d'affranchissement se pressent et s'encombrent sur la route de l'avenir, dans des moments donnés de l'histoire des hommes ; et qui voit son but sans voir celui du travailleur qu'il coudoie, croit souvent trouver un obstacle là où il eût trouvé un secours.

Les jésuites se piquaient d'envisager les trois faces de la perfection : religieuse, politique, sociale. Ils se trompaient ; leur institut même, par ses lois essentiellement théocratiques et par son côté ésotérique, ne pouvait affranchir l'intelligence qu'en liant le corps, la conduite, les actions (*perinde ac cadaver*). Mais quelle doctrine a dégagé jusqu'ici le grand inconnu de cette triple recherche ?

Je demande pardon de cette digression un peu longue. Avouer de la prédilection pour les jésuites est, au temps où nous vivons, une affaire délicate. On risque fort, quand on a ce courage, d'être soupçonné de duplicité d'esprit. J'avoue que je ne m'embarrasse guère d'un tel soupçon.

Entre l'*Imitation de Jésus-Christ* et le *Génie du christianisme*, je me trouvai donc dans de grandes perplexités, comme dans l'affaire de ma conduite chrétienne auprès de ma grand'mère philosophe. Dès qu'elle fut hors de danger, je demandai l'intervention du jésuite pour résoudre la difficulté nouvelle. Je me sentais attirée vers l'étude par une soif étrange, vers la poésie par un instinct passionné, vers l'examen par une foi superbe.

« Je crains que l'orgueil ne s'empare de moi, écrivais-je à l'abbé de Prémord. Il est encore temps pour moi de revenir sur mes pas, d'oublier toutes ces pompes de l'esprit dont ma grand'mère était avide, mais dont elle ne jouira plus et qu'elle ne songera plus à me demander. Ma mère y sera fort indifférente. Aucun devoir immédiat ne me pousse donc plus vers l'abîme, si c'est, en effet, un abîme,

CHAPITRE QUATRIÈME. 153

comme l'esprit d'A-Kempis[1] me le crie dans l'oreille. Mon âme est fatiguée et comme assoupie. Je vous demande la vérité. Si ce n'est qu'une satisfaction à me refuser, rien de plus facile que de renoncer à l'étude ; mais si c'est un devoir envers Dieu, envers mes frères ?.... Je crains ici, comme toujours, de m'arrêter à quelque sottise. »

L'abbé de Prémord avait la gaieté de sa force et de sa sérénité. Je n'ai pas connu d'âme plus pure et plus sûre d'elle-même. Il me répondit cette fois avec l'aimable enjouement qu'il avait coutume d'opposer aux terreurs de ma conscience.

« Mon cher casuiste, me disait-il, si vous crai-
» gnez l'orgueil, vous avez donc déjà de l'amour-
» propre ? Allons, c'est un progrès sur vos *timeurs*
» accoutumées. Mais, en vérité, vous vous pressez
» beaucoup ! A votre place, j'attendrais, pour m'exa-
» miner sur le chapitre de l'orgueil, que j'eusse déjà
» assez de savoir pour donner lieu à la tentation ;
» car, jusqu'ici, je crains bien qu'il n'y ait pas de
» quoi. Mais, tenez, j'ai tout à fait bonne idée de
» votre bon sens, et me persuade que quand vous
» aurez appris quelque chose, vous verrez d'autant

---

[1] Dans ce temps-là, je croyais, comme beaucoup d'autres, que Thomas A-Kempis était l'auteur de l'*Imitation*. Les preuves invoquées par M. Henri Martin sur la paternité légitime de Jean Gerson m'ont semblé si concluantes, que je n'hésite pas à m'y rendre.

» mieux ce qui vous manque pour savoir beaucoup.
» Laissez donc la crainte de l'orgueil aux imbéciles.
» La vanité, qu'est-ce que cela pour les cœurs fidè-
» les? Ils ne savent ce que c'est. — Étudiez, appre-
» nez, lisez tout ce que votre grand'mère vous eût
» permis de lire. Vous m'avez écrit qu'elle vous avait
» indiqué dans sa bibliothèque tout ce qu'une jeune
» personne pure doit laisser de côté et n'ouvrir ja-
» mais. En vous disant cela, elle vous en a confié
» les clefs. J'en fais autant. J'ai en vous la plus en-
» tière confiance, et mieux fondée encore, moi qui
» sais le fond de votre cœur et de vos pensées. Ne
» vous faites pas si gros et si terribles tous ces esprits
» forts et beaux esprits mangeurs d'enfants. On peut
» aisément troubler les faibles en calomniant les
» *gens d'église ;* mais peut-on calomnier Jésus et sa
» doctrine? Laissez passer toutes les invectives con-
» tre nous. Elles ne prouvent pas plus contre *lui* que
» ne prouveraient nos fautes, si ce blâme était mé-
» rité. Lisez les poëtes. Tous sont religieux. Ne crai-
» gnez pas les philosophes, tous sont impuissants
» contre la foi. Et si quelque doute, quelque peur
» s'élève dans votre esprit, fermez ces pauvres livres,
» relisez un ou deux versets de l'Évangile, et vous
» vous sentirez docteur à tous ces docteurs. »

Ainsi parlait ce vieillard exalté, naïf et d'un esprit charmant, à une pauvre fille de dix-sept ans, qui lui avouait la faiblesse de son caractère et l'ignorance de son esprit. Était-ce bien prudent, pour un homme qui se croyait parfaitement orthodoxe? Non certes; c'était bon, c'était brave et généreux. Il me poussait en avant comme l'enfant poltron à qui l'on dit : Ce n'est rien, ce qui t'effraye. Regarde et touche. C'est une ombre, une vaine apparence, un risible épouvantail. Et, en effet, la meilleure manière de fortifier le cœur et de rassurer l'esprit, c'est d'enseigner le mépris du danger et d'en donner l'exemple.

Mais ce procédé, si certain dans le domaine de la réalité, est-il applicable aux choses abstraites? La foi d'un néophyte peut-elle être soumise ainsi d'emblée aux grandes épreuves?

Mon vieux ami suivait avec moi la méthode de son institution : il la suivait avec candeur, car il n'est rien de plus candide qu'un jésuite né candide. On le développe dans ce sens pour le bien, ou on l'exploite dans ce même sens pour le mal, selon que la pensée de l'*ordre* est dans la bonne ou dans la mauvaise voie de sa politique.

Il me voyait capable d'effusion intellectuelle, mais entravée par une grande rigidité de conscience, qui pouvait me rejeter dans la voie étroite du vieux catholicisme. Or, dans la main du jésuite, tout être pensant est un instrument qu'il faut faire vibrer dans le concert qu'il dirige. L'esprit du corps suggère à ses meilleurs membres un grand fond de prosélytisme, qui chez les mauvais est vanité ardente, mais toujours collective. Un jésuite qui, rencontrant une âme douée de quelque vitalité, la laisserait s'étioler ou s'annihiler dans une quiétude stérile, aurait manqué à son devoir et à sa règle. Ainsi M. de Chateaubriand faisait peut-être à dessein, peut-être sans le savoir, l'affaire des jésuites, en appelant *les enchantements de l'esprit et les intérêts du cœur* au secours du christianisme. Il était hérétique, il était novateur, il était mondain ; il était confiant et hardi avec eux, ou à leur exemple.

Après l'avoir lu avec entraînement, je savourai donc son livre avec délices, rassurée enfin par mon bon père et criant à mon âme inquiète : En avant ! en avant ! Et puis je me mis aux prises sans façon avec Mably, Locke, Condillac, Montesquieu, Bacon, Bossuet, Aristote, Leibnitz, Pascal, Montaigne, dont ma grand'mère elle-même m'avait marqué les chapitres et les feuillets à passer. Puis vinrent les poëtes ou les moralistes : la Bruyère, Pope, Milton, Dante, Virgile, Shakspeare, que sais-je ? Le tout sans ordre et sans méthode, comme ils me tombèrent sous la main, et avec une facilité d'intuition que je n'ai jamais retrouvée depuis, et qui est même en dehors de mon organisation lente à comprendre. La cervelle était jeune, la mémoire toujours fugitive, mais le sentiment rapide et la volonté tendue. Tout cela était à mes yeux une question de vie et de mort, à savoir, si, après avoir compris tout ce que je pouvais me proposer à comprendre, j'irais à la vie du monde ou à la mort volontaire du cloître.

Il s'agit bien, pensais-je, d'éprouver ma vocation dans des bals et des parures, comme on contraint Élisa à le faire! moi qui déteste ces choses par elles-mêmes, plus j'aurai vu les amusements puérils et supporté les fatigues du monde, moins je serai sûre que c'est mon zèle et non ma paresse qui me rejette dans la paix du monastère. Mon épreuve n'est donc pas là. (En ceci j'avais bien raison et ne me trompais pas sur moi-même.) Elle est dans l'examen de la vérité religieuse et morale. Si je résiste à toutes les objections du siècle, sous forme de raisonnement philosophique, ou sous forme d'imagination de poëte, je saurai que je suis digne de me vouer à Dieu seul.

Si je voulais rendre compte de l'impression de chaque lecture et en dire les effets sur moi, j'entreprendrais là un livre de critique qui pourrait faire bien des volumes; mais qui les lirait en ce temps-ci? Et ne mourrais-je pas avant de l'avoir fini?

D'ailleurs, le souvenir de tout cela n'est plus assez net en moi, et je risquerais de mettre mes impressions présentes dans mon récit du passé. Je ferai donc grâce aux gens pour qui j'écris des détails personnels de cette étrange éducation, et j'en résumerai le résultat par époques successives.

Je lisais, dans les premiers temps, avec l'audace

de conviction que m'avait suggérée mon bon abbé. Armée de toutes pièces, je me défendais aussi vaillamment qu'il était permis à mon ignorance. Et puis, n'ayant pas de plan, entremêlant dans mes lectures les croyants et les opposants, je trouvais dans les premiers le moyen de répondre aux derniers. La métaphysique ne m'embarrassait guère ; je la comprenais fort peu, en ce sens qu'elle ne concluait jamais rien pour moi. Quand j'avais plié mon entendement, docile comme la jeunesse, à suivre les abstractions, je ne trouvais que vide ou incertitude dans les conséquences. Mon esprit était et a toujours été trop vulgaire et trop peu porté aux recherches scientifiques pour avoir besoin de demander à Dieu l'initiation de mon âme aux grands mystères. J'étais un être de sentiment, et le sentiment seul tranchait pour moi les questions à mon usage, qui, toute expérience faite, devinrent bientôt les seules questions à ma portée.

Je saluai donc respectueusement les métaphysiciens ; et tout ce que je peux dire à ma louange, à propos d'eux, c'est que je m'abstins de regarder comme vaine et ridicule une science qui fatiguait trop mes facultés. Je n'ai pas à me reprocher d'avoir dit alors : « A quoi bon la métaphysique ? » J'ai été un peu plus superbe quand, plus tard, j'y ai regardé davantage. Je me suis réconciliée, plus tard encore, avec elle, en voyant encore un peu mieux. Et, en somme, je dis aujourd'hui que c'est la recherche d'une vérité à l'usage des grands esprits, et que, n'étant pas de cette race, je n'en ai pas grand besoin. Je trouve ce qu'il me faut dans les religions et les philosophies qui sont ses filles, ses incarnations, si l'on veut.

Alors, comme aujourd'hui, mordant mieux à la philosophie, et surtout à la philosophie facile du dix-huitième siècle, qui était encore celle de mon temps, je ne me sentis ébranlée par rien et par personne. Mais Rousseau arriva, Rousseau l'homme de passion et de sentiment par excellence, et je fus enfin entamée.

Étais-je encore catholique au moment où, après avoir réservé, comme par instinct, Jean-Jacques pour la *bonne bouche,* j'allais subir enfin le charme de son raisonnement ému et de sa logique ardente? Je ne le pense pas. Tout en continuant à pratiquer cette religion, tout en refusant de rompre avec ses formules commentées à ma guise, j'avais quitté, sans m'en douter le moins du monde, l'étroit sentier de sa doctrine. J'avais brisé à mon insu, mais irrévocablement, avec toutes ses conséquences sociales et politiques. L'esprit de l'Église n'était plus en moi : il n'y avait peut-être jamais été.

Les idées étaient en grande fermentation à cette époque. L'Italie et la Grèce combattaient pour leur liberté nationale. l'Église et la monarchie se prononçaient contre ces généreuses tentatives. Les journaux royalistes de ma grand'mère tonnaient contre l'insurrection, et l'esprit prêtre, qui eût dû embrasser la cause des chrétiens d'Orient, s'évertuait à prouver les droits de l'empire turc. Cette monstrueuse inconséquence, ce sacrifice de la religion à l'intérêt politique me révoltaient étrangement. L'esprit libéral devenait pour moi synonyme de sentiment religieux. Je n'oublierai jamais, je ne peux jamais oublier que l'élan chrétien me poussa résolûment, pour la première fois, dans le camp du progrès, dont je ne devais plus sortir.

Mais déjà, et depuis mon enfance, l'idéal religieux et l'idéal pratique avaient prononcé au fond de mon cœur et fait sortir de mes lèvres, aux oreilles effarouchées du bon Deschartres, le mot sacré d'égalité. La liberté, je ne m'en souciais guère alors, ne sachant ce que c'était, et n'étant pas disposée à me l'accorder plus tard à moi-même. Du moins ce qu'on appelait la liberté civile ne me disait pas grand'chose. Je ne la comprenais pas sans l'égalité absolue et la fraternité chrétienne. Il me semblait, et il me semble encore, je l'avoue, que ce mot de liberté placé dans la formule républicaine, en tête des deux autres, aurait dû être à la fin, et pouvait même être supprimé comme un pléonasme.

Mais la liberté nationale, sans laquelle il n'est ni fraternité ni égalité à espérer, je la comprenais fort bien, et la discuter équivalait pour moi à la théorie du brigandage, à la proclamation impie et farouche du droit du plus fort.

Il ne fallait pas être un enfant bien merveilleusement doué, ni une jeune fille bien intelligente pour en venir là. Aussi étais-je confondue et révoltée de voir mon ami Deschartres, qui n'était dévot ni religieux en aucune façon, combattre à la fois la religion dans la question des Hellènes et la philosophie dans la question du progrès. Le pédagogue n'avait qu'une idée, qu'une loi, qu'un besoin, qu'un instinct, l'autorité absolue en face de la soumission aveugle. Faire obéir à tout prix ceux qui *doivent* obéir, tel était son rêve; mais pourquoi les uns *devaient*-ils commander aux autres? Voilà à quoi lui, qui avait du savoir et de l'intelligence pratique, ne répondait jamais que par des sentences creuses et des lieux communs pitoyables.

Nous avions des discussions comiques, car il n'y avait pas moyen pour moi de les trouver sérieuses avec un esprit si baroque et si têtu sur certains points. Je me sentais trop forte de ma conscience pour être ébranlée, et, par conséquent, dépitée un instant par ses paradoxes. Je me souviens qu'un jour, dissertant avec feu sur le droit divin du sultan (je crois, Dieu me pardonne, qu'il n'eût pas refusé la sainte ampoule au Grand Turc, tant il prenait à cœur la victoire du *maître* sur les *écoliers* mutins), il s'embarrassa le pied dans sa pantoufle et tomba tout de son long sur le gazon, ce qui ne l'empêcha pas d'achever sa phrase; après quoi il dit fort gravement en s'essuyant les genoux : « Je crois vraiment que je suis tombé? — Ainsi tombera l'empire ottoman, » lui répondis-je en riant de sa figure préoccupée. Il prit le parti de rire aussi, mais non sans un reste de colère, et en me traitant de jacobine, de régicide, de philhellène et de bonapartiste, toutes injures synonymes dans son horreur pour la contradiction.

Il était cependant pour moi d'une bonté toute paternelle et tirait une grande gloriole de mes *études,* qu'il s'imaginait diriger encore parce qu'il en discutait l'effet.

Quand j'étais embarrassée de rencontrer dans Leibnitz ou Descartes les arguments mathématiques, lettres closes pour moi, mêlés à la théologie et à la philosophie, j'allais le trouver, et je le forçais de me faire comprendre par des analogies ces points inabordables. Il y portait une grande adresse, une grande clarté, une véritable intelligence de professeur. Après quoi, voulant conclure pour ou contre le livre, il battait la campagne et retombait dans ses vieilles *rengaînes.*

J'étais donc, en politique, tout à fait hors du sein de l'Église, et ne songeais pas du tout à m'en tourmenter; car nos religieuses n'avaient pas d'opinion sur les affaires de la France et ne m'avaient jamais dit que la religion commandât de prendre parti pour ou contre quoi que ce soit. Je n'avais rien vu, rien lu, rien entendu dans les enseignements religieux qui me prescrivît, dans cet ordre d'idées, de demander au spirituel l'appréciation du temporel. Madame de Pontcarré, très-passionnée légitimiste, très-ennemie des *doctrinaires* d'alors, qu'elle traitait aussi de jacobins, m'avait étonnée par son besoin d'identifier la religion à la monarchie absolue. M. de Chateaubriand, dans ses brochures, que je lisais avidement, identifiait aussi le trône et l'autel ; mais cela ne m'avait pas influencée notablement. Chateaubriand me touchait comme littérateur, et ne me pénétrait pas comme chrétien. Son œuvre, où j'avais passé à dessein l'épisode de *René*, comme un hors-d'œuvre à lire plus tard, ne me plaisait déjà plus que comme initiation à la poésie des œuvres de Dieu et des grands hommes.

Mably m'avait fort mécontentée. Pour moi, c'était une déception perpétuelle que ces élans de franchise et de générosité, arrêtés sans cesse par le découragement en face de l'application. « A quoi bon ces beaux principes, me disais-je, s'ils doivent être étouffés par l'esprit de *modération?* Ce qui est vrai, ce qui est juste doit être observé et appliqué sans limites. »

J'avais l'ardeur intolérante de mon âge. Je jetais le livre au beau milieu de la chambre, ou au nez de Deschartres, en lui disant que cela était bon pour lui, et il me le renvoyait de même, disant qu'il ne voulait pas accepter un pareil *brouillon,* un si dangereux révolutionnaire.

Leibnitz me paraissait le plus grand de tous ; mais qu'il était dur à avaler quand il s'élevait de trente atmosphères au-dessus de moi! Je me disais avec Fontenelle, en changeant le point de départ de sa phrase sceptique : « Si j'avais bien pu le comprendre, *j'aurais vu le bout des matières, ou qu'elles n'ont point de bout!* »

« Et que m'importe, après tout, disais-je, les *monades, les unités, l'harmonie préétablie,* et *sacrosancta Trinitas per nova inventa logica defensa, les esprits qui peuvent dire* moi, *le carré des vitesses, la dynamique, le rapport des sinus d'incidence et de réfraction,* et tant d'autres subtilités où il faut être à la fois grand théologien et grand savant, *même pour s'y méprendre*[1]! »

Je me mettais à rire aux éclats toute seule de ma prétention à vouloir profiter de ce que je n'entendais pas. Mais cette entraînante préface de la *Théodicée,* qui résumait si bien les idées de Chateaubriand et les sentiments de l'abbé de Prémord sur l'utilité et même la nécessité du savoir, venait me relancer.

« La véritable piété, et même la véritable féli-

---

[1] **Fontenelle,** *Éloge de Leibnitz.*

» cité, disait Leibnitz, consiste dans l'amour de
» Dieu, mais dans un amour éclairé, dont l'ardeur
» soit accompagnée de lumière. Cette espèce d'a-
» mour fait naître ce plaisir dans les bonnes actions
» qui, rapportant tout à Dieu, comme au centre,
» transporte l'humain au divin. — Il faut que les
» perfections de l'entendement donnent l'accom-
» plissement à celles de la volonté. Les pratiques
» de la vertu, aussi bien que celles du vice, peu-
» vent être l'effet d'une simple habitude; on peut
» y prendre goût; mais on ne saurait aimer Dieu
» sans en connaître les perfections. — Le croi-
» rait-on? des chrétiens se sont imaginé de pouvoir
» être dévots sans aimer le prochain, et pieux sans
» comprendre Dieu! Plusieurs siècles se sont écou-
» lés sans que le public se soit bien aperçu de ce
» défaut, et il y a encore de grands restes du règne
» des ténèbres... Les anciennes erreurs de ceux qui
» ont accusé la Divinité, ou qui en ont fait un
» principe mauvais, ont été renouvelées de nos
» jours. On a eu recours à la puissance irrésistible
» de Dieu, quand il s'agissait plutôt de faire voir
» sa bonté suprême, et on a employé un pouvoir
» despotique, lorsqu'on devait concevoir une puis-
» sance réglée par la plus parfaite sagesse. »

Quand je relisais cela, je me disais : « Allons, encore un peu de courage! C'est si beau de voir cette tête sublime se vouer à l'adoration! Ce qu'elle a conçu et pris soin d'expliquer, n'aurais-je pas la conscience de vouloir le comprendre? Mais il me manque des éléments de science, et Deschartres me persécute pour que je laisse là ces grands résumés pour entrer dans l'étude des détails. Il veut m'enseigner la physique, la géométrie, les mathématiques. — Pourquoi pas, si cela est nécessaire à la foi en Dieu et à l'amour du prochain? Leibnitz met bien le doigt sur ma plaie quand il dit qu'on peut être fervent par habitude. Je suis capable d'aller au sacrifice par la paresse de l'âme ; mais ce sacrifice, Dieu ne le rejettera-t-il pas? »

J'allai prendre une ou deux leçons. « Continuez, me disait Deschartres. Vous comprenez ! — Vous croyez? lui répondais-je. — Certainement, et tout est là. — Mais retenir? — Ça viendra. »

Et quand nous avions travaillé quelques heures : « *Grand homme,* lui disais-je (je l'appelais toujours ainsi), vous me croirez si vous voulez, mais cela me tue. C'est trop long, le but est trop loin. Vous avez beau me mâcher la besogne, croyez bien que je n'ai pas la tête faite comme vous. Je suis pressée d'aimer Dieu, et s'il faut que je pioche ainsi toute la vie pour arriver à me dire, sur mes vieux jours, pourquoi et comment je dois l'aimer, je me consumerai en attendant, et j'aurai peut-être dévoré mon cœur aux dépens de ma cervelle.

— Il s'agit bien d'aimer Dieu! disait le naïf pédagogue. Aimez-le tant que vous voudrez, mais il vient là comme à propos de bottes !

— Ah ! c'est que vous ne comprenez pas pourquoi je veux m'instruire.

— Bah ! on s'instruit... pour s'instruire ! répondait-il en levant les épaules.

— Justement, c'est ce que je ne veux pas faire. Allons, bonsoir, je vais écouter les rossignols. »

Et je m'en allais, non pas fatiguée d'esprit (Deschartres démontrait trop bien pour irriter les fibres du cerveau), mais accablée de cœur, chercher à l'air libre de la nuit et dans les délices de la rêverie la vie qui m'était propre et que je combattais en vain. Ce cœur avide se révoltait dans l'inaction où le laissait le travail sec de l'attention et de la mémoire. Il ne voulait s'instruire que par l'émotion, et je trouvais dans la poésie des livres d'imagination et dans celle de la nature, se renouvelant et se complétant l'une par l'autre, un intarissable élément à cette émotion intérieure, à ce continuel transport divin que j'avais goûtés au couvent et qu'alors j'appelais la grâce.

Je dois donc dire que les poëtes et les moralistes à formes éloquentes ont agi en moi plus que les métaphysiciens et les philosophes profonds pour y conserver la foi religieuse.

Serai-je ingrate envers Leibnitz pourtant, et dirai-je qu'il ne m'a servi de rien, parce que je n'ai

pas tout compris et tout retenu? Non, je mentirais.
Il est certain que nous profitons des choses dont
nous oublions la lettre, quand leur esprit a passé
en nous, même à petite dose. On ne se souvient
guère du dîner de la veille, et pourtant il a nourri
notre corps. Si ma raison s'embarrasse peu, encore
à cette heure, des systèmes contraires à mon sentiment; si les fortes objections que soulève contre la
Providence, à mes propres yeux, le spectacle du
terrible dans la nature et du mauvais dans l'humanité, sont vaincues par un instant de rêverie tendre;
si, enfin, je sens mon cœur plus fort que ma raison, pour me donner foi en la sagesse et en la
bonté suprême de Dieu, ce n'est peut-être pas uni-
quement au besoin inné d'aimer et de croire que je
dois ce rassérénement et ces consolations. J'ai assez
compris de Leibnitz, sans être capable d'argumenter de par sa science, pour savoir qu'il y a
encore plus de bonnes raisons pour garder la foi
que pour la rejeter.

Ainsi, par ce coup d'œil rapide et troublé que
j'avais hasardé dans le royaume des merveilles
ardues, j'avais à peu près rempli mon but en apparence. Cette pauvre miette d'instruction, que Deschartres trouvait surprenante de ma part, réalisait
parfaitement la prédiction de l'abbé, en m'appre-
nant que j'avais tout à apprendre, et le démon de
l'orgueil, que l'Église présente toujours à ceux qui

désirent s'instruire, m'avait laissée bien tranquille, en vérité. Comme je n'en ai jamais beaucoup plus appris depuis, je peux dire que j'attends encore sa visite, et qu'à tous les compliments erronés sur ma science et ma capacité, je ris toujours intérieurement, en me rappelant la plaisanterie de mon jésuite : *Peut-être que jusqu'à présent il n'y a pas sujet de craindre beaucoup cette tentation.*

Mais le peu que j'avais arraché au *règne des ténèbres* m'avait fortifiée dans la foi religieuse en général, dans le christianisme en particulier. Quant au catholicisme... y avais-je songé ?

Pas le moins du monde. Je m'étais à peine doutée que Leibnitz fût protestant et Mably philosophe. Cela n'était pas entré pour moi dans la discussion intérieure. M'élevant au-dessus des formes de la religion, j'avais cherché à embrasser l'idée mère. J'allais à la messe et n'analysais pas encore le culte.

Cependant, en me le rappelant bien, je dois le dire, le culte me devenait lourd et malsain. J'y sentais refroidir ma piété. Ce n'était plus les pompes charmantes, les fleurs, les tableaux, la propreté, les doux chants de notre chapelle, et les profonds silences du soir, et l'édifiant spectacle des belles religieuses prosternées dans leurs stalles. Plus de recueillement, plus d'attendrissement, plus de prières du cœur possibles pour moi dans ces églises publiques où le culte est dépouillé de sa poésie et de son mystère.

J'allais tantôt à ma paroisse de Saint-Chartier, tantôt à celle de la Châtre. Au village, c'était la vue des *bons saints* et des *bonnes dames* de dévotion traditionnelle, horribles fétiches qu'on eût dit destinés à effrayer quelque horde sauvage; les beuglements absurdes de chantres inexpérimentés, qui faisaient en latin les plus grotesques calembours de la meilleure foi du monde; et les bonnes femmes qui s'endormaient sur leur chapelet en ronflant tout haut; et le vieux curé qui jurait au beau milieu du prône contre les indécences des chiens introduits dans l'église. A la ville, c'étaient les toilettes provinciales des dames, leurs chuchotements, leurs médisances et cancans apportés en pleine église comme en un lieu destiné à s'observer et à se diffamer les unes les autres; c'était aussi la laideur des idoles et les glapissements atroces des collégiens qu'on laissait chanter la messe, et qui se faisaient des niches tout le temps qu'elle durait. Et puis tout ce tripotage de pain bénit et de gros sous qui se fait pendant les offices, les querelles des sacristains et des enfants de chœur à propos d'un cierge qui coule ou d'un encensoir mal lancé. Tout ce dérangement, tous ces incidents burlesques et le défaut d'attention de chacun qui empêchait celle de tous à la prière, m'étaient odieux. Je ne voulais pas

CHAPITRE QUATRIÈME.

songer à rompre avec les pratiques obligatoires, mais j'étais enchantée qu'un jour de pluie me forçât à lire la messe dans ma chambre et à prier seule à l'abri de ce grossier concours de chrétiens pour rire.

Et puis, ces formules de prières quotidiennes, qui n'avaient jamais été de mon goût, me devenaient de plus en plus insipides. M. de Prémord m'avait permis d'y substituer les élans de mon âme quand je m'y sentirais entraînée, et insensiblement je les oubliais si bien, que je ne priais plus que d'inspiration et par improvisation libre. Ce n'était pas trop catholique ; mais on m'avait laissée *composer* des prières au couvent. J'en avais fait circuler quelques-unes en anglais et en français, qu'on avait trouvées si *fleuries* qu'on les avait beaucoup goûtées. Je les avais aussitôt dédaignées en moi-même, ma conscience et mon cœur décrétant que les mots ne sont que des mots, et qu'un élan aussi passionné que celui de l'âme à Dieu ne peut s'exprimer par aucune parole humaine. Toute formule était donc une règle que j'adoptais par esprit de pénitence, et qui finit par me sembler une corvée abrutissante et mortelle pour ma ferveur.

Voilà dans quelle situation j'étais quand je lus l'*Émile*, la *Profession de foi du vicaire savoyard*, les *Lettres de la montagne*, le *Contrat social* et les discours.

La langue de Jean-Jacques et la forme de ses déductions s'emparèrent de moi comme une musique superbe éclairée d'un grand soleil. Je le comparais à Mozart; je comprenais tout ! Quelle jouissance pour un écolier malhabile et tenace d'arriver enfin à ouvrir les yeux tout à fait et à ne plus trouver de nuages devant lui ! Je devins, en politique, le disciple ardent de ce maître, et je le fus bien longtemps sans restrictions. Quant à la religion, il me parut le plus chrétien de tous les écrivains de son temps, et, faisant la part du siècle de croisade philosophique où il avait vécu, je lui pardonnai d'autant plus facilement d'avoir abjuré le catholicisme, qu'on lui en avait octroyé les sacrements et le titre d'une manière irréligieuse bien faite pour l'en dégoûter. Protestant né, redevenu protestant par le fait de circonstances justifiables, peut-être inévitables, sa nationalité dans l'hérésie ne me gênait pas plus que n'avait fait celle de Leibnitz. Il y a plus, j'aimais fort les protestants, parce que, n'étant pas forcée de les admettre à la discussion du dogme catholique, et me souvenant que l'abbé de Prémord ne damnait personne et me permettait cette hérésie dans le silence de mon cœur, je voyais en eux des gens sincères, qui ne différaient de moi que par des formes sans importance absolue devant Dieu.

Jean-Jacques fut le point d'arrêt de mes travaux d'esprit. A partir de cette lecture enivrante, je m'abandonnai aux poëtes et aux moralistes éloquents, sans plus de souci de la philosophie transcendante. Je ne lus pas Voltaire. Ma grand'mère m'avait fait promettre de ne le lire qu'à l'âge de trente ans. Je lui ai tenu parole. Comme il était pour elle ce que Jean-Jacques a été si longtemps pour moi, l'apogée de son admiration, elle pensait que je devais être dans toute la force de ma raison pour en goûter les conclusions. Quand je l'ai lu, je l'ai beaucoup goûté, en effet, mais sans en être modifiée en quoi que ce soit. Il y a des natures qui ne s'emparent jamais de certaines autres natures, quelque supérieures qu'elles leur soient. Et cela ne tient pas, comme on pourrait se l'imaginer, à des antipathies de caractère, pas plus que l'influence entraînante de certains génies ne tient à des similitudes d'organisation chez ceux qui la subissent. Je n'aime pas le caractère privé de Jean-Jacques Rousseau ; je ne pardonne à son injustice, à son ingratitude, à son amour-propre malade, et à mille autres choses bizarres, que par la compassion que ses douleurs me causent. Ma grand'mère n'aimait pas les rancunes et les cruautés d'esprit de Voltaire, et faisait fort bien la part des égarements de sa dignité personnelle.

D'ailleurs, je ne tiens pas trop à voir les hommes à travers leurs livres, les hommes du passé surtout. Dans ma jeunesse, je les cherchais encore moins sous l'arche sainte de leurs écrits. J'avais un grand enthousiasme pour Chateaubriand, le seul vivant de mes maîtres d'alors. Je ne désirais pas du tout le voir, et ne l'ai vu dans la suite qu'à regret.

Pour mettre de l'ordre dans mes souvenirs, je devrais peut-être continuer le chapitre de mes lectures, mais on risque fort d'ennuyer en parlant trop longtemps de soi seul, et j'aime mieux entremêler cet examen rétrospectif de moi-même de quelques-unes des circonstances extérieures qui s'y rattachent.

CHAPITRE CINQUIÈME

Le fils de madame d'Épinay et de mon grand-père. — Étrange système de prosélytisme. — Attitude admirable de ma grand'mère. — Elle exige que j'entende sa confession. — Elle reçoit les sacrements. — Mes réflexions et les sermons de l'archevêque. — Querelle sérieuse avec mon confesseur. — Le vieux curé et sa servante. — Conduite déraisonnable d'un squelette. — Claudius. — Bonté et simplicité de Deschartres. — Esprit et charité des gens de *la Châtre*. — La fête du village. — Causeries avec mon pédagogue, réflexions sur le *scandale*. — Définition de l'*opinion*.

Aux plus beaux jours de l'été, ma grand'mère éprouva un mieux très-sensible et s'occupa même de reprendre ses correspondances, ses relations de famille et d'amitié. J'écrivais sous sa dictée des lettres aussi charmantes et aussi judicieuses qu'elle les eût jamais faites. Elle reçut ses amis, qui ne comprirent pas qu'elle eût subi l'altération de facultés dont nous nous étions tant affligés et dont nous nous affligions encore, Deschartres et moi. Elle avait des heures où elle causait si bien, qu'elle semblait être redevenue elle-même, et même plus brillante et plus gracieuse encore que par le passé.

Mais quand la nuit arrivait, peu à peu la lumière faiblissait dans cette lampe épuisée. Un grand trouble se faisait sentir dans les idées, ou une apathie plus effrayante encore, et les nuits n'étaient pas toutes sans délire, un délire inquiet, mélancolique et enfantin. Je ne pensais plus du tout à lui demander de faire acte de religion, bien que ma bonne Alicia me conseillât de profiter de ce moment de santé pour l'amener sans effroi à mes fins. Ses lettres me troublaient et me ramenaient quelques scrupules de conscience; mais elles n'eurent jamais le pouvoir de me décider à rompre la glace.

Pourtant la glace fut rompue d'une manière tout à fait imprévue. L'archevêque d'Arles en écrivit à ma grand'mère, lui annonça sa visite et arriva.

M. L*** de B***, longtemps évêque de S*** et nommé récemment alors archevêque d'A*** *in partibus*, ce qui équivalait à une belle sinécure de retraite, était mon oncle par bâtardise. Il était né des amours très-passionnées et très-divulguées de mon grand-père Francueil et de la célèbre madame d'Épinay. Ce roman a été trahi par la publication, bien indiscrète et bien inconvenante, d'une correspondance charmante, mais trop peu voilée, entre les deux amants.

Le bâtard, né au ***, nourri et élevé au village ou à la ferme de B***, reçut ces deux noms et fut mis dans les ordres dès sa jeunesse. Ma grand'mère le connut tout jeune encore, lorsqu'elle épousa M. de Francueil, et veilla sur lui maternellement. Il n'était rien moins que dévot à cette époque ; mais il le devint à la suite d'une maladie grave où les terreurs de l'enfer bouleversaient son esprit faible.

Il était étrange que le fils de deux êtres remarquablement intelligents fût à peu près stupide. Tel était cet excellent homme, qui, par compensation, n'avait pas un grain de malice dans sa balourdise. Comme il y a beaucoup de bêtes fort méchantes, il faut tenir compte de la bonté, qu'elle soit privée ou accompagnée d'intelligence.

Ce bon archevêque était le portrait frappant de sa mère, qui, comme Jean-Jacques a pris soin de nous le dire, et comme elle le proclame elle-même avec beaucoup de coquetterie, était positivement laide ; mais elle était fort bien faite. J'ai encore un des portraits qu'elle donna à mon grand'père. Ma bonne maman en a donné un autre à mon cousin Villeneuve, où elle était représentée en costume de naïade, c'est-à-dire avec aussi peu de costume que possible.

Mais elle avait beaucoup de physionomie, dit-on, et fit toutes les conquêtes qu'elle put souhaiter. L'archevêque avait sa laideur toute crue et pas plus d'expression qu'une grenouille qui digère. Il était, avec cela, ridiculement gras, gourmand ou plutôt goinfre, car la gourmandise exige un certain discernement qu'il n'avait pas; très-vif, très-rond de manières, insupportablement gai, quelque chagrin qu'on eût autour de lui; intolérant en paroles, débonnaire en actions; grand diseur de calembours et de calembredaines monacales; vaniteux comme une femme de ses toilettes d'apparat, de son rang et de ses priviléges; cynique dans son besoin de bien-être; bruyant, colère, évaporé, bonnasse, ayant toujours faim ou soif, ou envie de sommeiller, ou envie de rire pour se désennuyer, enfin le chrétien le plus sincère à coup sûr, mais le plus impropre au prosélytisme que l'on puisse imaginer.

C'était justement le seul prêtre qui pût amener ma grand'mère à remplir les formalités catholiques, parce qu'il était incapable de soutenir aucune discussion contre elle, et ne l'essaya même pas.

« *Chère maman*, lui dit-il, résumant sa lettre, sans préambule, dès la première heure qu'il passa auprès d'elle, vous savez pourquoi je suis venu; je ne vous ai pas prise *en traître* et n'irai pas *par quatre chemins*. Je veux sauver votre âme. Je sais bien que cela vous fait rire; vous ne croyez pas que vous serez damnée parce que vous n'aurez pas fait ce que je vous demande; mais moi, je le crois, et comme, grâce à Dieu, vous voilà guérie, vous pouvez bien me faire ce plaisir-là, sans qu'il vous en coûte la plus petite frayeur d'esprit. Je vous

CHAPITRE CINQUIÈME.

prie donc, vous qui m'avez toujours traité comme votre fils, d'être *bien gentille et bien complaisante* pour votre gros enfant. Vous savez que je vous crains trop pour discuter contre vous et vos beaux esprits *reliés en veau*. Vous en savez beaucoup trop long pour moi; mais il ne s'agit pas de ça; il s'agit de me donner une grande marque d'amitié, et me voilà tout prêt à vous la demander à genoux. Seulement comme mon ventre me gênerait fort, voilà votre petite-fille qui va s'y mettre à ma place. »

Je restai stupéfaite d'un pareil discours, et ma grand'mère se prit à rire. L'archevêque me poussa à ses pieds : « Allons donc, dit-il, je crois que tu te fais prier pour m'aider, toi ! »

Alors ma grand'mère me regardant agenouillée, passa du rire à une émotion subite. Ses yeux se remplirent de larmes, et elle me dit en m'embrassant : « Eh bien, tu me croiras donc damnée si je te refuse ? — Non ! m'écriai-je impétueusement, emportée par l'élan d'une vérité intérieure plus forte que tous les préjugés religieux; non, non ! Je suis à genoux pour vous bénir et non pas pour vous prêcher.

— En voilà une petite sotte ! » s'écria l'archevêque, et, me prenant par le bras, il voulut me mettre à la porte; mais ma grand'mère me retint contre son cœur. « Laissez-la, mon gros *Jean le Blanc*, lui dit-elle. Elle prêche mieux que vous. Je te remercie, ma fille. Je suis contente de toi, et pour te le prouver, comme je sais qu'au fond du cœur tu désires que je dise oui, je dis oui. Êtes-vous content, *monseigneur?* »

Monseigneur lui baisa la main en pleurant d'aise. Il était véritablement touché de tant de douceur et de tendresse. Puis il frotta ses mains et se frappa sur la bedaine en disant : « Allons, voilà qui est enlevé ! Il faut battre le fer pendant qu'il est chaud. Demain matin, votre vieux curé viendra vous confesser et vous administrer. Je me suis permis de l'inviter à déjeuner avec nous. Ce sera une affaire faite, et demain soir vous n'y penserez plus.

— C'est probable, » dit ma grand'mère avec malice.

Elle fut gaie tout le reste de la journée. L'archevêque encore plus, riant, batifolant en paroles, jouant avec les gros chiens, répétant à satiété le proverbe *qu'un chien peut bien regarder un évêque,* me grondant un peu de l'avoir si mal aidé, d'avoir failli *tout faire manquer,* et *nous mettre dans de beaux draps* par ma niaiserie ; me reprochant de n'avoir pas *pour deux sous* de courage, et disant que si l'on m'eût laissée faire, *nous étions frais.*

J'étais navrée de voir aller ainsi les choses. Il me semblait que *fourrer* ainsi les sacrements à une personne qui n'y croyait pas et qui n'y voyait qu'une condescendance envers moi, c'était nous charger d'un sacrilége. J'étais décidée à m'en expliquer avec ma grand'mère, car de raisonner avec monseigneur, cela faisait pitié.

Mais tout changea d'aspect en un instant, grâce au grand esprit et au tendre cœur de cette pauvre infirme, qui, le lendemain, était mourante par le corps et comme ressuscitée au moral.

Elle passa une très-mauvaise nuit, pendant laquelle il me fut impossible de songer à autre chose qu'à la soigner. Le lendemain matin, la raison était nette et la volonté arrêtée. « Laisse-moi faire, dit-elle dès les premiers mots que je lui adressai : je crois qu'en effet je vais mourir. Eh bien, je devine tes scrupules. Je sais que si je meurs sans faire ma paix avec ces gens-là, ou tu te le reprocheras, ou ils te le reprocheront. Je ne veux pas mettre ton cœur aux prises avec ta conscience, ou te laisser aux prises avec tes amis. J'ai la certitude de ne faire ni une lâcheté ni un mensonge en adhérant à des pratiques qui, à l'heure de quitter ceux qu'on aime, ne sont pas d'un mauvais exemple. Aie l'esprit tranquille, je sais ce que je fais. »

Pour la première fois depuis sa maladie je la sentais redevenue la grand'mère, le chef de famille capable de diriger les autres, et par conséquent elle-même. Je me renfermai dans l'obéissance passive.

Deschartres lui trouva beaucoup de fièvre et entra en fureur contre l'archevêque. Il voulait le mettre à la porte, et lui attribuait, probablement avec raison, la nouvelle crise qui se produisait dans cette existence chancelante.

Ma grand'mère l'apaisa et lui dit même : « Je *veux* que vous vous teniez tranquille, Deschartres. »

Le curé arriva, toujours ce même vieux curé dont j'ai parlé et qu'elle avait trouvé trop rustique pour être mon confesseur. Elle n'en voulut pas d'autre, sentant combien elle le dominerait.

Je voulus sortir avec tout le monde pour les laisser ensemble. Elle m'ordonna de rester; puis, s'adressant au curé :

« Asseyez-vous là, mon vieux ami, lui dit-elle. Vous voyez que je suis trop malade pour sortir de mon lit, et je veux que ma fille assiste à ma confession.

— C'est bien, c'est bien, ma chère dame, répondit le curé tout troublé et tout tremblant.

— Mets-toi à genoux pour moi, ma fille, reprit ma grand'mère, et prie pour moi, tes mains dans les miennes. Je vais faire ma confession. Ce n'est pas une plaisanterie. J'y ai pensé. Il n'est pas mauvais de se résumer en quittant ce monde, et si je n'avais craint de froisser quelque usage, j'aurais voulu que tous mes amis et tous mes serviteurs fussent présents à cette récapitulation publique de ma conscience. Mais, après tout, la présence de ma fille me suffit. Dites-moi les formules, curé; je ne les connais pas ou je les ai oubliées. Quand ce sera fait, je m'accuserai. »

Elle se conforma aux formules et dit ensuite : « Je n'ai jamais ni fait ni souhaité aucun mal à personne. J'ai fait tout le bien que j'ai pu faire. Je n'ai à confesser ni mensonge, ni dureté, ni impiété d'aucune sorte. J'ai toujours cru en Dieu. — Mais écoute ceci, ma fille : je ne l'ai pas assez aimé. J'ai manqué de courage, voilà ma faute, et depuis le jour où j'ai perdu mon fils, je n'ai pu prendre sur moi de le bénir et de l'invoquer en aucune chose. Il m'a semblé trop cruel de m'avoir frappée d'un coup au-dessus de mes forces. Aujourd'hui qu'il m'appelle, je le remercie et le prie de me pardonner ma faiblesse. C'est lui qui me l'avait donné, cet enfant, c'est lui qui me l'a ôté, mais qu'il me réunisse à lui, et je vais l'aimer et le prier de toute mon âme. »

Elle parlait d'une voix si douce et avec un tel accent de tendresse et de résignation, que je fus suffoquée de larmes et retrouvai toute ma ferveur des meilleurs jours pour prier avec elle.

Le vieux curé, attendri profondément, se leva et lui dit, avec une grande onction et dans son parler paysan, qui augmentait avec l'âge : « Ma chère sœur, je serons tous pardonnés, parce que le bon Dieu nous aime, et sait bien que quand je nous repentons, c'est que je l'aimons. Je l'ai bien pleuré aussi, moi, votre cher enfant, allez ! et je vous réponds ben qu'il est à la droite de Dieu, et que vous y serez avecques lui. Dites avec moi votre acte de contrition, et je vas vous donner l'absolution. »

Quand il eut prononcé l'absolution, elle lui ordonna de faire rentrer tout le monde, et me dit dans l'intervalle : « Je ne crois pas que ce brave homme ait eu le pouvoir de me pardonner quoi que ce soit, mais je reconnais que Dieu a ce pouvoir, et j'espère qu'il a exaucé nos bonnes intentions à tous trois. »

L'archevêque, Deschartres, tous les domestiques de la maison et les ouvriers de la ferme assistèrent à son viatique ; elle dirigea elle-même la cérémonie, me fit placer à côté d'elle et disposa les autres personnes à son gré, suivant l'amitié qu'elle leur portait. Elle interrompit plusieurs fois le curé pour lui dire à demi-voix, car elle entendait fort bien le latin, *je crois à cela*, ou *il importe peu*. Elle était attentive à toutes choses, et, conservant l'admirable netteté de son esprit et la haute droiture de son caractère, elle ne voulait pas acheter sa réconciliation officielle au prix de la moindre hypocrisie. Ces détails ne furent pas compris de la plupart des assistants. L'archevêque feignit de ne pas y prendre garde, le curé n'y tenait nullement. Il était là avec son cœur et avait mis d'avance son jugement de prêtre à la porte. Deschartres était fort troublé et irrité, craignant de voir la malade succomber à la suite d'un si grand effort moral. Moi seule j'étais attentive à toutes choses autant que ma grand'mère, et, ne perdant aucune de ses paroles, aucune de ses expressions de visage, je la vis avec admiration résoudre le problème de se soumettre à la religion de son temps et de son pays sans abandonner un instant ses convictions intimes, et sans mentir en rien à sa dignité personnelle.

Avant de recevoir l'hostie, elle prit encore la parole et dit très-haut : « Je veux mourir en paix ici avec tout le monde. Si j'ai fait du tort à quelqu'un, qu'il le dise, pour que je le répare. Si je lui ai fait de la peine, qu'il me le pardonne, car je le regrette. »

Un sanglot d'affection et de bénédiction lui répondit de toutes parts. Elle fut administrée, puis demanda du repos et resta seule avec moi.

Elle était épuisée et dormit jusqu'au soir. Quelques jours d'accablement fébrile succédèrent à cette émotion. Puis les apparences de la santé revinrent, et nous retrouvâmes encore quelques semaines d'une sorte de sécurité.

Cet événement de famille me fit et me laissa une forte impression. Ma grand'mère, bien qu'elle fût retombée dans un demi-engourdissement de ses facultés, avait, par ce jour de courage et de pleine raison, repris à mes yeux toute l'importance de son rôle vis-à-vis de moi, et je ne m'attribuais plus aucun droit de juger sa conscience et sa conduite. J'étais frappée d'un grand respect en même temps que d'une tendre gratitude pour l'intention qu'elle avait eue de me complaire, et il m'était impossible de ne pas accepter de tous points sa manière de se repentir et de se réconcilier avec le ciel, comme digne, méritoire et agréable à Dieu. Je récapitulais toute la phase de sa vie dont j'avais été le témoin et le but ; j'y trouvais, à l'égard de ma mère, de ma sœur et de moi, quelques injustices irréfléchies ou involontaires, toujours réparées par de grands efforts sur elle-même et par de véritables sacrifices ; dans tout le reste, une longanimité sage, une douceur généreuse, une droiture parfaite, un désintéressement, un mépris du mensonge, une horreur du mal, une bienfaisance, une assistance de cœur pour tous, vraiment inépuisables, enfin les plus admirables qualités, les vertus chrétiennes les plus réelles.

Et ce qui couronnait cette noble carrière, c'était précisément cette faute dont elle avait voulu s'accuser avant de mourir. C'était cette douleur immense, inconsolable, qu'elle n'avait pu offrir à Dieu comme un hommage de soumission, mais qui ne l'avait pas empêchée de rester grande et généreuse avec tous ses semblables. Ah! qu'elles me semblaient vénielles et pardonnables maintenant, ces crises d'amertume, ces paroles d'injustice, ces larmes de jalousie qui m'avaient tant fait souffrir dans mon plus jeune âge! Comme je me sentais petite et personnelle, moi qui ne les avais pas pardonnées sur l'heure! Avide de bonheur, indignée de souffrir, lâche dans mes muettes rancunes d'enfant, je n'avais pas compris ce que souffrait cette mère désespérée, et je m'étais comptée pour quelque chose, quand j'aurais dû deviner les profondes racines de son mal et l'adoucir par un complet abandon de moi-même!

Mon cœur gagna beaucoup dans ces repentirs. J'y noyai dans des larmes abondantes l'orgueil de mes résistances, et toute intolérance dévote s'y dissipa pour jamais. Ce cœur qui n'avait encore connu que la passion dans l'amour filial et dans l'amour divin, s'ouvrit à des tendresses inconnues; et, faisant sur moi-même un retour aussi sérieux que celui que j'avais fait au couvent lors de ma *conversion*, je sentis toutes les puissances du sentiment et de la raison me commander l'humilité, non plus seulement comme une vertu chrétienne, mais comme une conséquence forcée de l'équité naturelle.

Tout cela me faisait sentir d'autant plus vivement que la vérité *absolue* n'était pas plus dans l'Église que dans toute autre forme religieuse; qu'il y eût plus de vérité relative, voilà tout ce que je pouvais lui accorder, et voilà pourquoi je ne songeais pas encore à me séparer d'elle.

Les sacrements acceptés par ma grand'mère n'avaient été qu'un compromis de conscience de la part de l'archevêque, puisque l'archevêque, faute de ces sacrements, l'eût damnée en pleurant, mais sans appel. Que l'on observe et sache bien qu'il n'était pas hypocrite, ce bon prélat. Il ne s'agissait pas pour lui de faire triompher l'Église devant des provinciaux ébahis ; il était étranger à la politique et croyait *dur comme fer*, c'était son expression, à l'infaillibilité des papes et à la lettre des conciles. Il aimait réellement ma grand'mère ; n'ayant pas connu d'autre mère, il la regardait comme la sienne ; il s'en allait disant : « Qu'elle meure maintenant, ça m'est égal. Je ne suis pas jeune, et je la rejoindrai bientôt. La vie n'est pas une si grosse affaire ! mais je ne me serais jamais consolé de sa perte, si elle eût persisté dans l'*impénitence finale.* »

Je me permettais de le contredire. « Je vous jure, monseigneur, lui disais-je, qu'elle ne croit pas plus aujourd'hui qu'hier à l'*infaillibilité*. Ce qu'elle a fait est très-chrétien. Avec ou sans cela, elle eût été sauvée, mais ce n'est pas catholique, ou bien l'Église admet deux catholicismes, l'un qui s'abandonne à toutes ses prescriptions, l'autre qui fait ses réserves et proteste contre la lettre.

— Ah çà, mais tu deviens très-ergoteuse ! s'écriait monseigneur marchant à grands pas, ou plutôt roulant comme une toupie à travers le jardin. Est-ce que, par hasard, tu donnes aussi dans le Voltaire? Cette chère maman est capable de t'avoir empestée de ces bavards-là! Voyons, que fais-tu? Comment vis-tu ici? Qu'est-ce que tu lis?

— En ce moment, monseigneur, je lis les Pères de l'Église, et j'y trouve beaucoup de points de vue contradictoires.

— Il n'y en a pas!

— Pardon, cher monseigneur! Les avez-vous lus?

— Qu'elle est bête! Ah çà, pourquoi lis-tu les Pères de l'Église? Il y a beaucoup de choses qu'une jeune personne peut lire; mais je suis sûr que tu fais l'esprit fort, et que tu te mêles de juger. C'est un ridicule, à ton âge!

— Il est pour moi seul, puisque je ne fais part à personne de mes réflexions.

— Oui, mais ça viendra. Prends-y garde. Tu étais dans le bon chemin quand tu as quitté le couvent; à présent tu *bats la breloque.* Tu montes à cheval, tu chantes de l'italien, tu tires le pistolet, à ce qu'on m'a dit! Il faut que je te confesse. Fais ton examen de conscience pour demain. Je parie que j'aurai à te laver la tête!

— Pardon, monseigneur, mais je ne me confesserai point à vous.

— Pourquoi donc ça?

— Parce que nous ne nous entendrions pas. Vous me passeriez tout ce que je ne me passe point, et me gronderiez de ce que je considère comme innocent. Ou je ne suis plus catholique, ou je le suis autrement que vous.

— Qu'est-ce à dire, oison bridé?

— Je m'entends; mais ce n'est pas vous qui résoudrez la question.

— Allons, allons, il faut que je te gronde..... Sache donc, malheureuse enfant..... Mais voilà l'heure du dîner, je te dirai cela après. J'ai une faim de chien. Dépêchons-nous de rentrer. »

Et après le dîner, il avait oublié de me prêcher. Il l'oublia jusqu'à la fin, et partit me laissant très-attachée à sa bonté, mais très-peu édifiée de son genre de piété, qui ne pouvait pas être le mien.

La veille de son départ, il fit une chose des plus bêtes. Il entra dans la bibliothèque et procéda à l'incendie de quelques livres et à la mutilation de plusieurs autres. Deschartres le trouva brûlant, coupant, rognant, et se réjouissant fort de son œuvre. Il l'arrêta avant que le dommage fût considérable, le menaça d'aller avertir ma grand'mère de ce dégât, et ne put lui arracher des mains le fer et le feu qu'en lui remontrant que cette bibliothèque était une propriété confiée à sa garde, qu'il en était responsable, et que, comme maire de la commune, il était d'ailleurs autorisé à verbaliser même contre un archevêque dilapidateur. J'arrivai pour mettre la paix; la scène était vive et des plus grotesques.

CHAPITRE CINQUIÈME.

Quelques jours après, j'allai à confesse à mon curé de la Châtre, qui était un homme de belles manières, assez instruit et en apparence intelligent. Il me fit des questions qui ne blessaient en rien la chasteté, mais qui, selon moi, blessaient toute convenance et toute délicatesse. Je ne sais à quel cancan de petite ville il avait ouvert l'oreille. Il pensait que j'avais un commencement d'amour pour quelqu'un, et voulait savoir de moi si la chose était vraie. « Il n'en est rien, lui répondis-je, je n'y ai même pas songé. — Cependant, reprit-il, on assure..... »
Je me levai du confessionnal sans en écouter davantage et saisie d'une indignation irrésistible. « Monsieur le curé, lui dis-je, comme personne ne me force à venir me confesser tous les mois, pas même l'Église, qui ne me prescrit que les sacrements annuels, je ne comprends pas que vous doutiez de ma sincérité. Je vous ai dit que je ne connaissais pas seulement par la pensée le sentiment que vous m'attribuez. C'était trop répondre déjà. J'eusse dû vous dire que cela ne vous regardait pas.

— Pardonnez-moi, reprit-il d'un ton hautain, le confesseur doit interroger les pensées, car il en est de confuses qui peuvent s'ignorer elles-mêmes et nous égarer!

— Non! monsieur le curé, les pensées qu'on ignore n'existent pas. Celles qui sont confuses existent déjà et peuvent être cependant si pures qu'elles n'exigent pas qu'on s'en confesse. Vous devez croire ou que je n'ai pas de pensées confuses, ou qu'elles ne causent aucun trouble à ma conscience, puisque avant votre interrogatoire je vous avais dit la formule qui termine la confession.

— Je suis fort aise, répliqua-t-il, qu'il en soit ainsi. J'ai toujours été édifié de vos confessions ; mais vous venez d'avoir un mouvement de vivacité qui prend sa source dans l'orgueil, et je vous engage à vous en repentir et à vous en accuser ici même, si vous voulez que je vous donne l'absolution.

— Non! monsieur, lui répondis-je. Vous êtes dans votre tort, et vous avez causé le mien, dont je vous avoue n'être pas disposée à me repentir dans ce moment-ci. »

Il se leva à son tour et me parla avec beaucoup de sécheresse et de colère. Je ne répondis rien. Je le saluai et ne le revis jamais. Je n'allai même plus à la messe à sa paroisse.

A l'heure qu'il est, je ne sais pas encore si j'eus tort ou raison de rompre ainsi avec un très-honnête homme et un très-bon prêtre. Puisque j'étais chrétienne et croyais devoir pratiquer encore le catholicisme, j'aurais dû peut-être accepter avec l'esprit d'humilité le soupçon qu'il m'exprimait. Cela ne me fut point possible, et je ne sentis aucun remords de ma fierté. Toute la pureté de mon être se révoltait contre une question indiscrète, imprudente,

CHAPITRE CINQUIÈME.

et selon moi, étrangère à la religion. J'aurais tout au plus compris les questions de l'amitié, hors du confessionnal, dans l'abandon de la vie privée ; mais cet abandon n'existait pas entre lui et moi. Je le connaissais fort peu, il n'était pas très-vieux, et, en outre, il ne m'était pas sympathique. Si j'avais eu quelque chaste confidence à faire, je ne voyais pas de raison pour m'adresser à lui, qui n'était pas mon directeur et mon père spirituel. Il me semblait donc vouloir usurper sur moi une autorité morale que je ne lui avais pas donnée, et cet essai maladroit, au beau milieu d'un sacrement où je portais tant d'austérité d'esprit, me révolta comme un sacrilége. Je trouvai qu'il avait confondu la curiosité de l'homme avec la fonction du prêtre. D'ailleurs l'abbé de Prémord, scrupuleux gardien de la sainte ignorance des filles, m'avait dit : *On ne doit point faire de questions, je n'en fais jamais,* et je ne pouvais, je ne devais jamais avoir foi en un autre prêtre que celui-là.

Il m'était impossible de songer à me confesser à mon vieux curé de Saint-Chartier. J'étais trop intime, trop familière avec lui. J'avais trop joué avec lui dans mon enfance. Je lui avais fait trop de niches, et je le sentais aussi incapable de me diriger que je l'étais de m'accuser à lui sérieusement. J'allais à sa messe, en sortant je déjeunais avec lui, il essuyait lui-même, bon gré, mal gré, mes souliers crottés. J'étais obligée de lui retenir le bras pour l'empêcher de boire, parce qu'il me ramenait en croupe sur sa jument. Il me racontait ses peines de ménage, les colères de sa gouvernante; je les grondais tous deux, tour à tour, de leurs mauvais caractères. Il n'y avait pas moyen de changer de pareilles relations, ne fût-ce qu'une heure par mois, au tribunal de la pénitence. Je savais, par mon frère et par mes petites amies de campagne, comment il écoutait la confession. Il n'en entendait pas un mot, et comme ces enfants espiègles s'accusaient, par moquerie, des plus grandes énormités, à toutes choses il répondait : « Très-bien, très-bien. Allons! est-ce bientôt fini? »

Je n'aurais pu me débarrasser de ces souvenirs, et comme je sentais bien la dévotion catholique me quitter jour par jour, je ne voulais pas m'exposer à la voir partir tout d'un coup, malgré moi, sans me sentir fondée par quelque raison vraiment sérieuse à l'abjurer volontairement.

Je n'avais jamais fait maigre les vendredis et samedis chez ma grand'mère. Elle ne le voulait pas. L'abbé de Prémord m'avait recommandé d'avance de me soumettre à cette infraction à la règle. Ainsi peu à peu j'arrivai à ne pratiquer que la prière, et encore était-elle presque toujours rédigée à ma guise.

Chose étrange ou naturelle, jamais je ne fus plus religieuse, plus enthousiaste, plus absorbée en Dieu qu'au milieu de ce relâchement absolu de ma ferveur pour le culte. Des horizons nouveaux s'ouvraient devant moi. Ce que Leibnitz m'avait annoncé, l'amour divin redoublé et ranimé par la foi mieux éclairée, Jean-Jacques me l'avait fait comprendre, et ma liberté d'esprit, recouvrée par ma rupture avec le prêtre, me le faisait sentir. J'éprouvai une grande sécurité, et de ce jour les bases essentielles de la foi furent inébranlablement posées dans mon âme. Mes sympathies politiques, ou plutôt mes aspirations fraternelles, me firent admettre, sans hésitation et sans scrupule, que l'esprit de l'Église était dévié de la bonne route et que je ne devais pas le suivre sur la mauvaise. Enfin, je m'arrêtai à ceci, que nulle Église chrétienne n'avait le droit de dire : Hors de moi, point de salut.

J'ai entendu depuis des catholiques soutenir, ce que je voulais encore me persuader alors, à savoir : que cette sentence ne ressortait pas absolument des arrêts de l'Église papale. Je pense qu'ils se trompaient, comme j'avais essayé de me tromper moi-même. Mais en supposant qu'ils eussent raison, il faudrait conclure qu'il n'y a pas, qu'il n'y a jamais eu, qu'il ne pourra jamais y avoir d'orthodoxie, ni là, ni ailleurs. Du moment que Dieu ne repousse les fidèles d'aucune Église, le catholicisme n'existe plus. Qu'il paraisse encore excellent à un assez grand nombre d'esprits religieux, et qu'il soit décrété culte de la majorité des Français, je n'y fais aucune opposition de conscience ; mais s'il admet lui-même qu'il ne damne pas les dissidents, il doit admettre la discussion, et nul pouvoir humain ne peut légitimement l'entraver, pourvu qu'elle soit sérieuse, tolérante, sincère et digne ; car toute calomnie est une persécution, toute injure est un attentat contre lesquels les lois de tout pays doivent une protection impartiale à chacun et à tous.

Le jeune homme pour qui on m'avait supposé de l'inclination était un des ***. Je l'appellerai Claudius, du premier nom qui me tombe sous la main et que ne porte aucune personne à moi connue. Sa famille était une des plus nobles du pays et avait eu de la fortune. L'éducation de dix enfants avait achevé de ruiner les parents de Claudius. Quelques-uns avaient entaché leur blason par de grands désordres et une fin tragique. Trois fils restaient. Des deux aînés, je n'ai rien à dire qui ait rapport à cette phase de mon existence philosophique et religieuse. Le seul qui s'y soit trouvé mêlé indirectement, comme on l'a déjà vu, était le plus jeune.

Il était d'une belle figure et ne manquait ni de savoir, ni d'intelligence, ni d'esprit. Il se destinait aux sciences, où il a eu depuis une certaine notoriété. Pauvre à cette époque, encore plus par le fait de l'avarice sordide de sa mère que par sa situation, il se destinait à être médecin. De grandes privations et beaucoup d'ardeur au travail avaient ébranlé sa santé. On le croyait phthisique. Il en a rappelé : mais il est mort de maladie dans la force de l'âge.

Deschartres, qui avait été lié avec son père, et qui s'intéressait à un gentilhomme étudiant, me l'avait présenté et l'avait même engagé à me donner quelques leçons de physique. Je m'occupais aussi d'ostéologie, voulant apprendre un peu de chirurgie, et d'anatomie par conséquent, pour seconder Deschartres, au besoin, dans les opérations où je pouvais être initiée, pour le remplacer même dans le cas de blessures peu graves. Il avait coupé des bras, amputé des doigts, remis des poignets, rafistolé des têtes fendues en ma présence et avec mon aide. Il me trouvait très-adroite, très-prompte et sachant vaincre la douleur et le dégoût quand il le fallait. De très-bonne heure il m'avait habituée à retenir mes larmes et à surmonter mes défaillances. C'était un très-grand service qu'il m'avait rendu que de me rendre capable de rendre service aux autres.

Ce Claudius apporta des têtes, des bras, des jambes dont Deschartres avait besoin pour me démontrer le point de départ. Il me les faisait dessiner d'après nature (le temps nous manqua pour aller plus loin que la théorie de la charpente osseuse). Un médecin de la Châtre nous prêta même un squelette de petite fille tout entier, qui resta longtemps étendu sur ma commode; et, à ce propos, je dois me rappeler et constater un effet de l'imagination qui prouve que toute femmelette peut se vaincre.

Une nuit, je rêvai que mon squelette se levait et venait tirer les rideaux de mon lit. Je m'éveillai, et le voyant fort tranquille à la place où je l'avais mis, je me rendormis tranquillement.

Mais le rêve s'obstina, et cette petite fille desséchée se livra à tant d'extravagances qu'elle me devint insupportable. Je me levai et la mis à la porte, après quoi je dormis fort bien. Le lendemain elle recommença ses sottises ; mais cette fois je me moquai d'elle, et elle prit le parti de rester sage, pendant tout le reste de l'hiver, sur ma commode.

Je reviens à Claudius. Il était moins facétieux que mon squelette, et je n'eus jamais avec lui, à cette époque, que des conversations toutes pédagogiques. Il retourna à Paris, et, chargé par moi de m'envoyer une centaine de volumes, il m'écrivit plusieurs fois pour me donner des renseignements et me demander mon goût sur le choix des éditions. Je voulais avoir à moi plusieurs ouvrages qui m'avaient été prêtés, une série de poëtes que je ne connaissais pas, et divers traités élémentaires, je ne sais plus lesquels, dont Deschartres lui avait donné la liste.

Je ne sais pas s'il chercha des prétextes pour m'écrire plus souvent que de besoin : il n'y parut point jusqu'à une lettre très-sérieuse, un peu pédante et pourtant assez belle, qui, je m'en souviens, commençait ainsi : « Ame vraiment philosophique, vous avez bien raison, mais vous êtes la vérité qui tue. »

Je ne me souviens pas du reste, mais je sais que j'en fus étonnée et que je la montrai à Deschartres en lui demandant, avec une naïveté complète, pourquoi ces grands éloges sur ma logique étaient mêlés d'une sorte de reproche désespéré.

Deschartres n'était pas beaucoup plus expert que moi sur ces matières. Il fut étonné aussi, lut, relut, et me dit avec candeur : « Je crois bien que cela veut être une déclaration d'amour. Qu'est-ce que vous avez donc écrit à ce garçon?

— Je ne m'en souviens déjà plus, lui dis-je. Peut-être quelques lignes sur la Bruyère, dont je suis coiffée pour le moment. Cela lui sert de prétexte pour revenir, comme vous voyez, sur la conversation que nous avons eue tous les trois à sa dernière visite.

— Oui, oui, j'y suis, dit Deschartres. Vous avez prononcé, de par vos moralistes chagrins, de si beaux anathèmes contre la société, que je vous ai dit : « Quand on voit les choses si en noir, il n'y a qu'un parti à prendre, c'est de se faire religieuse! Vous voyez à quelles conséquences stupides cela mènerait un esprit aussi absolu que le vôtre. » Claudius s'est récrié. Vous avez parlé de la vie de reraite et de renoncement d'une manière assez spécieuse, et à présent ce jeune homme vous dit que vous n'avez d'amour que pour les choses abstraites et qu'il en mourra de chagrin.

— Espérons que non, répondis-je, mais je crois que vous vous trompez. Il me dit plutôt que mon détachement des choses du monde est contagieux, et qu'il tourne lui-même au scepticisme à cet endroit-là. »

La lettre relue, nous nous convainquîmes que ce n'était pas une déclaration, mais au contraire une adhésion à ma manière de voir, un peu trop solennelle, et du ton d'un homme qui se pose en philosophe vainqueur des illusions de la vie.

En effet, Claudius m'écrivit d'autres lettres où il s'expliqua nettement sur la résolution qui s'était faite en lui depuis qu'il me connaissait. J'étais à ses yeux un être supérieur qui avait d'un mot tranché toutes ses irrésolutions. Il n'y avait de but que la science; la médecine n'était qu'une branche secondaire; il voulait s'élever aux idées transcendantes, n'avoir pas d'autre passion, et demander aux sciences exactes le but de la création.

Ne cherchant plus de prétextes pour m'écrire, il m'écrivit souvent. Ses lettres avaient quelque valeur par leur sincérité froide et tranchante. Deschartres trouva que ce commerce d'esprit ne m'était pas inutile, et rien ne lui sembla plus naturel qu'une correspondance sérieuse entre deux jeunes gens qui eussent pu fort bien être épris l'un de l'autre, tout en se parlant de Malebranche et consorts.

Il n'en fut pourtant rien. Claudius était trop pédant pour ne pas trouver une sorte de satisfaction à ne pas être amoureux en dépit de l'occasion. J'étais trop étrangère à tout sentiment de coquetterie, et encore trop éloignée de la moindre notion d'amour, pour voir en lui autre chose qu'un professeur.

Ma vie s'arrangeait en cela et en plusieurs autres points pour une marche indépendante de tous les usages reçus dans le monde, et Deschartres, loin de me retenir, me poussait à ce qu'on appelle l'excentricité, sans que ni lui ni moi en eussions le moindre soupçon. Un jour, il m'avait dit : « Je viens de rendre visite au comte de ***, et j'ai eu une belle surprise. Il chassait avec un jeune garçon qu'à sa blouse et à sa casquette j'allais traiter peu cérémonieusement, quand il m'a dit : « C'est ma fille. Je la fais habiller ainsi en gamin pour qu'elle puisse courir avec moi, grimper et sauter sans être gênée par des vêtements qui rendent les femmes impotentes à l'âge où elles ont le plus besoin de développer leurs forces. »

Ce comte de *** s'occupait, je crois, d'idées médicales, et, à ses yeux, ce travestissement était une mesure d'hygiène excellente. Deschartres abondait dans son sens. N'ayant jamais élevé que des garçons, je crois qu'il était pressé de me voir en homme, afin de pouvoir se persuader que j'en étais un. Mes jupes gênaient sa gravité de cuistre; et il est certain que quand j'eus suivi son conseil et adopté le sarrau masculin, la casquette et les guêtres, il devint dix fois plus magister et m'écrasa sous son latin, s'imaginant que je le comprenais bien mieux.

Je trouvai, pour mon compte, mon nouveau costume bien plus agréable pour courir, que mes jupons brodés qui restaient en morceaux accrochés à tous les buissons. J'étais devenue maigre et alerte, et il n'y avait pas si longtemps que je ne portais plus mon *uniforme d'aide de camp de Murat,* pour ne plus m'en souvenir.

Il faut se souvenir aussi qu'à cette époque les jupes sans plis étaient si étroites, qu'une femme était littéralement comme dans un étui, et ne pouvait franchir décemment un ruisseau sans y laisser sa chaussure.

Deschartres avait la passion de la chasse, et il m'y emmenait quelquefois à force d'obsessions. Cela m'ennuyait, justement à cause de la difficulté de traverser les buissons, qui sont multipliés à l'infini et garnis d'épines meurtrières dans nos campagnes. J'aimais seulement la chasse aux cailles, avec le hallier et l'appeau, dans les blés verts. Il me faisait lever avant le jour. Couchée dans un sillon, *j'appelais,* tandis qu'à l'autre extrémité du champ il rabattait le gibier. Nous rapportions tous les matins huit ou dix cailles vivantes à ma grand'mère, qui les admirait et les plaignait beaucoup, mais qui, ne se nourrissant que de menu gibier, m'empêchait de trop regretter le destin de ces pauvres créatures si jolies et si douces.

Deschartres, très-affectueux pour moi et très-préoccupé de ma santé, ne songeait plus à rien quand il entendait glousser la caille auprès de son filet. Je me laissais aussi emporter un peu à cet amusement sauvage de guetter et de saisir une proie. Aussi mon rôle d'*appeleur,* consistant à être couchée dans les blés inondés de la rosée du matin, me ramena les douleurs aiguës dans tous les membres que j'avais ressenties au couvent. Deschartres vit qu'un jour je ne pouvais monter sur mon cheval et qu'il fallait m'y porter. Les premiers mouvements de ma monture m'arrachaient des cris, et ce n'était qu'après de vigoureux temps de galop aux premières ardeurs du soleil que je me sentais guérie. Il s'étonna un peu et constata enfin que j'étais couverte de rhumatismes. Ce lui fut une raison de plus pour me prescrire les exercices violents et l'habit masculin qui me permettait de m'y livrer.

Ma grand'mère me vit ainsi et pleura. « Tu ressembles trop à ton père, me dit-elle. Habille-toi comme cela pour courir, mais rhabille-toi en femme en rentrant, pour que je ne m'y trompe pas, car cela me fait un mal affreux, et il y a des moments où j'embrouille si bien le passé avec le présent, que je ne sais plus à quelle époque j'en suis de ma vie. »

Ma manière d'être ressortait si naturellement de la position exceptionnelle où je me trouvais, qu'il me paraissait tout simple de ne pas vivre comme la plupart des autres jeunes filles. On me jugea très-bizarre, et pourtant je l'étais infiniment moins que j'aurais pu l'être, si j'y eusse porté le goût de l'affectation et de la singularité. Abandonnée à moi-même en toutes choses, ne trouvant plus de contrôle chez ma grand'mère, oubliée en quelque sorte de ma mère, poussée à l'indépendance absolue par Deschartres, ne sentant en moi aucun trouble de l'âme ou des sens, et pensant toujours, malgré la modification qui s'était faite dans mes idées religieuses, à me retirer dans un couvent, avec ou sans vœux monastiques, ce qu'on appelait autour de moi l'*opinion* n'avait pour moi aucun sens, aucune valeur, et ne me paraissait d'aucun usage.

Deschartres n'avait jamais vu le monde à un point de vue pratique. Dans son amour pour la domination, il n'acceptait aucune entrave à ses jugements, rapportant tout à sa sagesse, à son *omnicompétence,* infaillible à ses propres yeux,

Et comme du fumier regardait tout le monde,

excepté ma grand'mère, lui et moi; il ne riait pourtant pas comme moi de la critique. Elle le mettait en colère. Il s'indignait jusqu'à l'invective furibonde contre les sottes gens qui se permettaient de blâmer mon peu d'égards pour leurs coutumes.

Il faut dire aussi qu'il s'ennuyait. Il avait eu une vie extraordinairement active, dont il lui fallait retrancher beaucoup depuis la maladie de ma grand'-mère. Il avait acheté, avec ses économies, un petit domaine à dix ou douze lieues de chez nous, où il allait autrefois passer des semaines entières. N'osant plus découcher, dans la crainte de retrouver sa malade plus compromise, il commençait à étouffer dans son embonpoint bilieux. Et puis, surtout, il était privé de la société de cette amie qui lui avait tenu lieu de tout ce qu'il avait ignoré dans la vie. Il avait besoin de s'attacher exclusivement à quelqu'un et de lui reporter l'admiration et l'engouement qu'il n'accordait à personne autre. J'étais donc devenue son Dieu, et peut-être plus encore que ma grand'-mère ne l'avait jamais été, puisqu'il me regardait comme son ouvrage et croyait pouvoir s'aimer en moi, comme dans un reflet de ses perfections intellectuelles.

Bien qu'il m'assommât souvent, je consentais à satisfaire son besoin de discuter et de disserter, en lui sacrifiant des heures que j'aurais préféré donner à mes propres recherches. Il croyait tout savoir, et il se trompait. Mais comme il savait beaucoup de choses et possédait une mémoire admirable, il n'était pas ennuyeux à l'intelligence : seulement, il était fatigant pour le caractère, à cause de l'exubérance de vanité du sien. Avec la figure la plus refrognée et le langage le plus absolu qui se puissent imaginer, il avait soif de quelques moments de gaieté et d'abandon. Il plaisantait lourdement, mais il riait de bon cœur quand je le plaisantais. Enfin il souffrait tout de moi, et tandis qu'il prenait en aversion violente quiconque ne l'admirait pas, il ne pouvait se passer de mes contradictions et de mes taquineries. Ce dogue hargneux était un chien fidèle, et, mordant tout le monde, se laissait tirer les oreilles par l'enfant de la maison.

Voilà par quel concours de circonstances toutes naturelles j'arrivai à scandaliser effroyablement les commères mâles et femelles de la ville de la Châtre. A cette époque, aucune femme du pays ne se permettait de monter à cheval, si ce n'est en croupe de son *valet* des champs. Le costume, non pas seulement de garçon pour les courses à pied, mais encore l'amazone et le chapeau rond étaient une abomination ; l'étude des *os de mort,* une rofanation ;

CHAPITRE CINQUIÈME.

la chasse, une destruction ; l'étude, une aberration, et mes relations enjouées et tranquilles avec des jeunes gens, fils des amis de mon père, que je n'avais pas cessé de traiter comme des camarades d'enfance, et que je voyais, du reste, fort rarement, mais à qui je donnais une poignée de main sans rougir et me troubler comme une dinde amoureuse, c'était de l'effronterie, de la dépravation, que sais-je? Ma religion même fut un sujet de glose et de calomnie stupide. Était-il convenable d'être pieuse, quand on se permettait des choses si étonnantes? Cela n'était pas possible. Il y avait là-dessous quelque diablerie. Je me livrais aux sciences occultes. J'avais fait semblant une fois de communier, mais j'avais emporté l'hostie sainte dans mon mouchoir, on l'avait bien vu! J'avais donné rendez-vous à Claudius et à ses frères, et nous en avions fait une cible; nous l'avions traversée à coups de pistolet. Une autre fois j'étais entrée à cheval dans l'église, et le curé m'avait chassée au moment où je caracolais autour du maître-autel. C'était depuis ce jour-là qu'on ne me voyait plus à la messe et que je n'approchais plus des sacrements. André, mon pauvre page rustique, n'était pas bien net dans tout cela. C'était ou mon amant, ou une espèce d'appariteur, dont je me servais dans mes conjurations. On ne pouvait rien lui faire avouer de mes pratiques secrètes ; mais j'allais la nuit dans le cimetière déterrer des cadavres avec Deschartres ; je ne dormais jamais, je ne m'étais pas mise au lit depuis un an. Les pistolets chargés qu'André avait toujours dans les fontes de sa selle en m'accompagnant à cheval, et les deux grands chiens qui nous suivaient n'étaient pas non plus une chose bien naturelle. Nous avions tiré sur des paysans, et des enfants avaient été étranglés par ma chienne Velléda. Pourquoi non? Ma férocité était bien connue. J'avais du plaisir à voir des bras cassés et des têtes fendues, et chaque fois qu'il y avait du sang à faire couler, Deschartres m'appelait pour m'en donner le divertissement.

Cela peut paraître exagéré. Je ne l'aurais pas cru moi-même, si, par la suite, je ne l'avais vu *écrit*. Il n'y a rien de plus bêtement méchant que l'habitant des petites villes. Il en est même divertissant, et quand ces folies m'étaient rapportées, j'en riais de bon cœur, ne me doutant guère qu'elles me causeraient plus tard de grands chagrins.

J'avais déjà subi, de la part de ces imbéciles, une petite persécution, dont j'avais triomphé. Au milieu de l'été, à l'époque où ma grand'mère était le mieux portante, j'avais dansé la bourrée sans encombre à la fête du village, en dépit de menaces qui avaient été faites contre moi à mon insu. Voici à quelle occasion.

Je voyais souvent une bonne vieille fille qui demeurait à un quart de lieue de chez moi, dans la

CHAPITRE CINQUIÈME.

campagne. C'était encore Deschartres qui m'y avait menée et qui la jugeait la plus honnête personne du monde. Je crois encore qu'il ne s'était pas trompé, car j'ai toujours vu cette bonne fille ou occupée de son vieux oncle, qui mourait d'une maladie de langueur, et qu'elle soignait avec une piété vraiment filiale, ou vaquant aux soins de la campagne et du ménage avec une activité et une bonhomie touchantes. J'aimais son petit intérieur demi-rustique, tenu avec une propreté hollandaise, ses poules, son verger, ses galettes qu'elle tirait du four elle-même pour me les servir toutes chaudes. J'aimais surtout sa droiture, son bon sens, son dévouement pour l'oncle, et le réalisme de ses préoccupations domestiques, qui me faisait descendre de mes nuages et se présentait à moi avec un charme très-pur et très-bienfaisant.

Il lui vint une sœur qui me parut aussi très-bonne femme, mais dont il plut aux moralistes de la ville de penser et de dire beaucoup de mal, j'ai toujours ignoré pourquoi, et je crois encore qu'il n'y avait pas d'autre raison à cela que la fantaisie de diffamation qui dévore les esprits provinciaux.

Il y avait une quinzaine de jours que cette sœur était au pays et je l'avais vue plusieurs fois. Elle me dit qu'elle viendrait à la fête de notre village; elle y vint, et je lui parlai comme à une personne que l'on connaît sous de bons rapports.

Ce fut une indignation générale, et on décréta que je foulais aux pieds, avec affectation, toutes les convenances. C'était une insulte à l'*opinion* des messieurs et dames de la ville. Je ne me doutais de rien. Quelqu'un de charitable vint m'avertir, et comme, en somme, on ne me disait contre cette femme rien qui eût le sens commun, je trouvai lâche de lui tourner le dos et continuai à lui parler chaque fois que je me trouvai auprès d'elle dans le mouvement de la fête.

Plusieurs garçons judicieux, artisans et bourgeois, prétendirent que je le faisais *à l'exprès* pour narguer le *monde,* et s'entendirent pour me faire ce qu'ils appelaient *un affront,* c'est-à-dire qu'ils ne me feraient pas danser. Je ne m'en aperçus pas du tout, car tous les paysans de chez nous m'invitèrent, et, comme de coutume, je ne savais à qui entendre.

Mais il paraît que je risquais bien de n'avoir pas l'honneur d'être invitée par les gens de la ville, s'ils eussent été tous aussi bêtes les uns que les autres. Il se trouva que les premiers n'étaient pas en nombre, et que j'avais là des amis inconnus qui s'entendirent pour conjurer l'orage : entre autres un tanneur à qui j'ai toujours su gré de s'être posé pour moi en chevalier dans cette belle affaire, quoique je ne lui eusse jamais parlé. Il se fit donc autour de lui un groupe toujours grossissant de mes défenseurs, et je dansai avec eux jusqu'à en être

CHAPITRE CINQUIÈME.

lasse, un peu étonnée de les voir si empressés autour de moi qui ne les connaissais pas du tout, tandis que Deschartres se promenait à mes côtés d'un air terrible.

Il m'expliqua ensuite tout ce qui s'était passé. Je lui reprochai de ne pas m'avoir avertie. J'aurais quitté la fête plutôt que de servir de prétexte à quelque rixe. Mais ce n'était pas la manière de voir de Deschartres. « Je l'aurais bien voulu, s'écria-t-il tout malade de n'avoir pas trouvé l'occasion d'éclater; j'aurais voulu qu'un de ces ânes dît un mot qui me permît de lui casser bras et jambes! — Bah! lui dis-je, cela vous aurait forcé à les leur remettre, et vous avez bien assez de besogne sans cela. » Deschartres, exerçant gratis, avait une grosse clientèle.

Ce petit fait nous occupa fort peu l'un et l'autre, mais nous donna lieu de parler de l'opinion, et je pensai, pour la première fois, à me demander quelle importance on devait y attacher.

Deschartres, qui était toujours en contradiction ouverte avec lui-même, ne s'en était jamais préoccupé dans sa conduite, et s'imaginait devoir la respecter en principe. Quant à moi, j'avais encore dans l'oreille toutes les paroles sacrées, et celle-ci entre autres : « Malheur à celui par qui le scandale arrive ! »

Mais il s'agissait de définir ce que c'est que le

scandale. « Commençons par là, disais-je à mon pédagogue. Nous verrons ensuite à définir ce que c'est que l'opinion. — L'opinion, c'est très-vague, disait Deschartres. Il y en a de toutes sortes. Il y a l'opinion des sages de l'antiquité, qui n'est pas celle des modernes; celle des théologiens, qui n'est que controverse éternelle; celle des gens du monde, qui varie encore selon les cultes. Il y a l'opinion des ignorants, qu'on doit nommer préjugés; enfin, il y a celle des sots, qu'on doit mépriser profondément. Quant au scandale, c'est bien clair ! C'est l'impudeur dans le mal, dans le vice, dans toutes les actions mauvaises.

— Vous dites l'impudeur dans le mal : il peut donc y avoir de la pudeur dans le vice, dans toutes les mauvaises actions ?

— Non, c'est une manière de dire; mais enfin, une certaine honte des égarements où l'on tombe est encore un hommage rendu à la morale publique.

— Oui et non, grand homme ! Celui qui fait le mal par légèreté, par entraînement, par passion, enfin sans en avoir bien conscience, ne songe pas à s'en cacher. S'il peut oublier le jugement de Dieu, il n'est guère étonnant qu'il oublie celui des hommes. Je plains sa folie. Mais celui qui se cache habilement et sait se préserver du blâme me paraît beaucoup plus odieux. Il pèche donc bien sciemment contre Dieu, celui-là, puisqu'il y porte assez de réflexion pour ne pas se laisser juger par les hommes. Je le méprise !

— C'est très-juste. Donc il ne faut avoir rien de mauvais à cacher.

— Croyez-vous que vous et moi, par exemple, nous ayons à rougir de quelque vice, de quelque penchant au mal ?

— Non certainement.

— Alors, pourquoi crie-t-on au scandale autour de nous ?

— Le fait de certaines imbécillités ne prouve rien. Mais cependant il ne faudrait pas pousser à l'extrême l'esprit d'indépendance que, dans cette occasion-ci, je partage avec vous. Vous êtes appelée à vivre dans le monde ; si telle ou telle chose innocente en soi-même, et que je juge sans inconvénient, venait à blesser les idées de votre entourage, il faudrait bien y renoncer.

— Cela dépend, grand homme ! Les choses indifférentes en elles-mêmes doivent être sacrifiées au savoir-vivre, comme disait toujours ma pauvre bonne maman quand elle m'enseignait, et par le savoir-vivre elle entendait l'affection, l'obligeance, l'esprit de famille ou de charité. Mais les choses qui sont essentiellement bonnes, peut-on et doit-on s'en abstenir parce qu'elles sont méconnues et mal interprétées ? Pour sauver l'honneur d'un parent ou d'un ami, on peut être forcé d'exposer le sien à des soupçons. Pour lui sauver la vie, on peut être condamné à mentir. Pour avoir assisté un malheureux écrasé à tort ou à raison sous le blâme public, il arrive que l'intolérance vous rend solidaire de la réprobation qui pèse sur lui. Je vois dans l'exercice de la charité chrétienne, qui est la première de toutes les vertus, mille devoirs qui doivent scandaliser le monde. Donc, quand Jésus a dit : « Si l'un de vous scandalise un de ces petits qui croient en moi, il vaudrait mieux pour lui avoir une pierre au cou et être jeté dans le fond de la mer, » il a voulu parler de ce qui est le mal, et il l'a entendu d'une manière absolue toute conforme à sa doctrine. Il a dit de la pécheresse : « *Que celui de vous qui est sans péché lui jette la première pierre*, » et ses enseignements aux disciples se résument ainsi : « Supportez les injures, le blâme, la calomnie, tous les genres de persécution de la part de ceux qui ne croient point en ma parole. » — Or, ce que le monde appelle scandale n'est pas toujours le scandale, et ce qu'il appelle l'opinion n'est qu'une convention arbitraire qui change selon les temps, les lieux et les hommes.

— Sans doute, sans doute, disait Deschartres. *Vérité en deçà, erreur au delà;* mais le bon citoyen respecte les croyances du milieu où il se trouve. Ce milieu se compose de sages et de fous, de gens

CHAPITRE CINQUIÈME.

capables et d'êtres stupides. Le choix n'est pas difficile à faire !

— Il y a donc deux opinions ?

— Oui, la vraie et la fausse, mères de toutes les autres nuances.

— S'il y en a deux, il n'y en a pas.

— Voyez le paradoxe !

— C'est comme pour l'Église orthodoxe, grand homme ! Il n'y en a qu'une ou il n'y en a pas. Vous me dites que j'aurai à respecter le milieu où la destinée me jettera. C'est là le paradoxe ! Si ce milieu est mauvais, je ne le respecterai pas ; je vous en avertis.

— Vous voilà encore avec votre fausse logique ! Je vous ai enseigné la logique, mais vous allez à l'extrême et rendez faux, par l'abus des conséquences, ce qui est vrai au point de départ. Le monde n'est pas infaillible, mais il a l'autorité. Il faut, dans tous les doutes, s'en remettre à l'autorité. Telle chose excellente en soi peut scandaliser.

— Il faut s'en abstenir.

— Non ! il faut la faire, mais avec prudence quelquefois. Il faut quelquefois se cacher pour faire le bien, malgré le proverbe : Tu te caches, donc tu fais mal.

— A la bonne heure, grand homme ! Vous avez dit le mot : *Prudence.* C'est tout autre chose, cela. Il ne s'agit plus ni du bien, ni du mal, ni du scandale, ni de l'opinion à définir. Tout cela est vague dans l'ordre des choses humaines. Il faut avoir de la prudence ! Eh bien ! je vous dis, moi, que la prudence est un agrément et un avantage personnels, mais que la conscience intime étant le seul juge, à défaut de juges absolument compétents dans la société, je me crois complétement libre de manquer de prudence, s'il me plaît de supporter tout le blâme et toutes les persécutions qui s'attachent aux devoirs périlleux et difficiles.

— C'est trop présumer de vos forces. Vous ne trouverez pas la chose si aisée que vous croyez, ou bien vous vous exposerez à de grands malheurs.

— Je ne me crois pas des forces extraordinaires. Je sais que je prendrai là une tâche très-rude; aussi je m'arrange à l'avance pour me la faire aussi légère que possible. Pour cela, il y a un moyen très-simple.

— Voyons !

— C'est de rompre dès à présent, dès ce premier jour où mes yeux s'ouvrent à l'inconséquence des choses humaines, avec le commerce de ce qu'on appelle le monde. Vivre dans la retraite en faisant le bien, soit dans un couvent, soit ici, ne quêtant l'approbation de personne, n'ayant aucun besoin de la société banale des indifférents, me souciant de Dieu, de quelques amis et de moi-même, voilà tout. Qu'y a-t-il de si difficile ! ma grand'mère n'a-t-elle pas arrangé ainsi toute la dernière moitié de sa vie? »

Quand je me laissais aller à la pensée de reculer le plus possible le choix d'un état dans la vie ; quand je parlais d'attendre l'âge de vingt-cinq ou trente ans pour me décider au mariage ou à la profession religieuse, et de m'adonner, jusque-là, à la science avec Deschartres, dans notre tranquille solitude de Nohant, il n'avait plus d'arguments pour me combattre, tant ce rêve lui souriait aussi. Malgré son peu d'imagination, il m'aidait à faire des châteaux en Espagne, et finissait par croire qu'à force de m'inculquer la sagesse il m'avait rendue supérieure à lui-même.

Dans nos entretiens, je l'amenais donc presque toujours à mes conclusions, et même dans les choses d'enthousiasme où il n'était certainement pas inférieur à moi. Tout en raillant son amour-propre et ses contradictions, je sentais fort bien qu'il était tout au moins mon égal pour le cœur. Seulement, le mien, plus jeune et plus excité, avait des élans plus soutenus, et le sien, engourdi par l'âge et l'habitude des soins matériels, avait besoin d'être réveillé de temps en temps. Il affectait de préférer la sagesse à la vertu, et la raison à l'enthousiasme; mais, au fond, il avait bien réellement dans l'âme des vertus dont je n'avais encore que l'ambition, et une conscience du devoir qui lui faisait fouler aux pieds, à chaque instant, tous ses intérêts personnels.

Le résumé que je viens de faire de nos entretiens d'une semaine ou deux n'a pas été arrangé après coup. J'ai changé de point de vue plusieurs fois dans ma vie, sur la marche et le détail des choses en voie d'éclaircissement et de progrès ; mais tout ce qui a été conclusion de philosophie à mon usage dans les choses essentielles a été réglé une fois pour toutes, la première fois que mon esprit a été conduit par un fait d'expérience, frivole ou sérieux, à se poser nettement la question du devoir. Quand j'avais, au couvent, des scrupules de dévotion, c'est-à-dire des incertitudes de jugement, je crois que j'étais plus logique que l'abbé de Prémord et madame Alicia. Catholique, je ne voulais pas l'être à moitié et croyais n'avoir pas touché le but tant qu'un grain de sable m'avait fait trébucher. J'entreprenais l'impossible, parce que rien ne semble impossible aux enfants. Je croyais à quelque chose d'absolu qui n'existe pas pour l'humanité, et dont la suprême sagesse lui a refusé le secret. Aussitôt que je me crus fondée à raisonner ma croyance et à l'épurer en lui cherchant l'appui et la sanction de mes meilleurs instincts, je n'eus plus de doute et je n'eus plus à revenir sur mes décisions. Ce ne fut pas force de caractère. Les doutes ne reparurent pas, voilà tout.

Beaucoup de points importants furent ainsi tranchés dès lors en moi, avec ou sans Deschartres, avec et sans l'abbé de Prémord. Beaucoup d'autres restèrent encore lettres closes, entre autres tout ce qui était relatif à l'amour ou au mariage. Le temps n'était pas venu pour moi d'y songer, puisque aucune de ces fibres n'avait encore vibré en moi.

Quand je me souviens de ces contentions d'esprit et de la joie que me donnaient tout à coup mes certitudes, il me semble bien que j'avais le ridicule des écoliers qui croient avoir découvert eux-mêmes la sagesse des siècles; mais quand je me demande aujourd'hui, fort tranquillement et après longue expérience de la vie, si j'avais raison de mépriser si hardiment les idées fausses et les vains devoirs qui tuent la foi aux devoirs sérieux, je trouve que je n'avais pas tort, et je sens que si c'était à recommencer, je ne ferais pas mieux.

CHAPITRE SIXIÈME

La maladie de ma grand'mère s'aggrave encore. — Fatigues extrêmes. — *René, Byron, Hamlet.* — État maladif de l'esprit. — Maladie du suicide. — La rivière. — Sermon de Deschartres. — Les classiques. — Correspondances. — Fragments de lettres d'une jeune fille. — Derniers jours de ma grand'mère. — Sa mort. — La nuit de Noël. — Le cimetière. — La veillée du lendemain.

On a vu comment une circonstance très-minime m'avait amenée à soulever des problèmes. Il en est toujours ainsi pour tout le monde, et bien qu'on soit convenu de dire qu'il ne faut pas se placer à un point de vue personnel, il n'en pourra jamais être autrement dans les choses pratiques. Tel qui ferait une mauvaise action, s'il se révoltait contre l'opinion des gens vertueux et éclairés qui le guident et l'entourent, est nécessairement porté, s'il a le sentiment du juste, à regarder l'opinion comme une loi; mais celui qui n'est aux prises qu'avec des niais injustes doit s'interroger avant de leur céder, et partir de là pour reconnaître qu'il n'y a nulle part, entre Dieu et lui, de contrôle légitimement absolu pour les faits de sa vie intime. La

CHAPITRE SIXIÈME.

conséquence étendue à tous de cette vérité certaine, c'est que la liberté de conscience est inaliénable. En appréciant le fait par l'intention, les jésuites avaient proclamé ce principe, probablement sans en voir tous les résultats en dehors de leur ordre.

La petite aventure de la fête du village avait donc été le prélude des calomnies monstrueusement ridicules qui se forgèrent sur mon compte peu de temps après, avec un *crescendo* des plus brillants. Il semblait que le mépris que j'en faisais fût un motif de fureur pour ces bonnes gens de la Châtre, et que mon indépendance d'esprit (présumée, puisqu'ils ne me connaissaient que de vue) fût un outrage au code d'étiquette de leur clocher.

J'ai dit déjà que la bicoque de la Châtre était remarquable par un nombre de gens d'esprit considérable relativement à sa population. Cela est encore vrai ; mais partout les bons esprits sont l'exception, même dans les grandes villes ; et dans les petites, on sait que la masse fait loi. C'est comme un troupeau de moutons où chacun, poussé par tous, donne du nez là où la moutonnerie entière se jette. De là une aversion instinctive contre celui qui se tient à part ; l'indépendance du jugement est le loup dévorant qui bouleverse les esprits dans cette bergerie.

Mes relations d'amitié avec les familles amies de la mienne n'en souffrirent pas, et je les ai gardées intactes et douces tout le reste de ma vie.

Mais on pense bien que ma volonté de ne point voir par les yeux du premier venu ne fit que croître et embellir quand tout ce déchaînement vint à ma connaissance. Je trouvais un si grand calme dans ce parti pris, que j'étais presque reconnaissante envers les sots qui me l'avaient suggéré.

Aux approches de l'automne, ma pauvre grand'mère perdit le peu de forces qu'elle avait recouvrées; elle n'eut plus ni mémoire des choses immédiates, ni appréciation des heures, ni désir d'aucune distraction sérieuse. Elle sommeillait toujours et ne dormait jamais. Deux femmes ne la quittaient ni la nuit ni le jour. Deschartres, Julie et moi, à tour de rôle, nous passions ou le jour ou la nuit, pour surveiller ou compléter leurs soins. Dans ces fonctions fatigantes, Julie, bien que très-malade elle-même, fut extrêmement courageuse et patiente. Ma pauvre grand'mère ne lui laissait guère de repos. Plus exigeante avec elle qu'avec les autres, elle avait besoin de la gronder et de la contredire, et Julie était forcée de nous faire intervenir souvent pour que sa malade renonçât à des caprices impossibles à satisfaire sans danger pour elle.

Voulant mener de front le soin de ma bonne maman, les promenades nécessaires à ma santé et mon éducation, j'avais pris le parti, voyant que quatre heures de sommeil ne me suffisaient pas, de ne plus me coucher que de deux nuits l'une. Je ne sais si

CHAPITRE SIXIÈME.

c'était un meilleur système, mais je m'y habituai vite, et me sentis beaucoup moins fatiguée ainsi que par le sommeil à petites doses. Parfois, il est vrai, la malade me demandait à deux heures du matin, quand j'étais dans toute la jouissance de mon repos. Elle voulait savoir de moi s'il était réellement deux heures du matin, comme on le lui assurait. Elle ne se calmait qu'en me voyant, et certaine enfin de la vérité, elle avait encore des paroles tendres pour me renvoyer dormir; mais il ne fallait guère compter qu'elle ne recommencerait pas à s'agiter au bout d'un quart d'heure, et je prenais le parti de lire auprès d'elle et de renoncer à ma nuit de sommeil.

Ce dur régime ne prenait plus sensiblement sur ma santé : la jeunesse se plie vite au changement d'habitudes ; mais mon esprit s'en ressentit profondément : mes idées s'assombrirent, et je tombai peu à peu dans une mélancolie intérieure que je n'avais même plus le désir de combattre.

Comme Deschartres s'en affligeait, je m'appliquai à lui cacher cette disposition maladive. Elle redoubla dans le silence. Je n'avais pas lu *René,* ce hors-d'œuvre si brillant du *Génie du Christianisme,* que, pressée de rendre le livre à mon confesseur, j'avais réservé pour le moment où je posséderais un exemplaire à moi. Je le lus enfin, et j'en fus singulièrement affectée. Il me sembla que *René* c'était moi. Bien que je n'eusse aucun effroi semblable au sien dans ma vie réelle, et que je n'inspirasse aucune passion qui pût motiver l'épouvante et l'abattement, je me sentis écrasée par ce dégoût de la vie qui me paraissait puiser bien assez de motifs dans le néant de toutes les choses humaines. J'étais déjà malade; il m'arriva ce qui arrive aux gens qui cherchent leur mal dans les livres de médecine. Je pris, par l'imagination, tous les maux de l'âme décrits dans ce poëme désolé.

Byron, dont je ne connaissais rien, vint tout aussitôt porter un coup encore plus rude à ma pauvre cervelle. L'enthousiasme que m'avaient causé les poëtes mélancoliques d'un ordre moins élevé ou moins sombre, Gilbert, Millevoie, Young, Pétrarque, etc., se trouva dépassé. *Hamlet* et *Jacques* de Shakspeare m'achevèrent. Tous ces grands cris de l'éternelle douleur humaine venaient couronner l'œuvre de désenchantement que les moralistes avaient commencée. Ne connaissant encore que quelques faces de la vie, je tremblais d'aborder les autres. Le souvenir de ce que j'avais déjà souffert me donnait l'effroi et presque la haine de l'avenir. Trop croyante en Dieu pour maudire l'humanité, je m'arrangeais du paradoxe de Rousseau qui proclame la bonté innée dans l'homme, en maudissant l'œuvre de la société, et en attribuant à l'action collective ce dont l'action individuelle ne se fût jamais avisée.

CHAPITRE SIXIÈME.

Comme la conclusion de ce sophisme spécieux était que l'isolement, la vie recueillie et cachée, sont les seuls moyens de conserver la paix de la conscience, ne voilà-t-il pas que, de par la liberté, je revenais au stoïcisme catholique de Gerson, et qu'épouvantée du néant de la vie, je pensais avoir tourné dans un cercle vicieux?

Seulement Gerson promettait et donnait la béatitude au cénobite, et mes moralistes ainsi que mes poëtes ne me laissaient que le désespoir. Gerson, toujours logique à son point de vue étroit, m'avait conseillé de n'aimer mes semblables qu'en vue de mon propre salut, c'est-à-dire de ne les aimer point. J'avais appris des autres à mieux entendre Jésus et à aimer le prochain littéralement plus que moi-même : de là une douleur infinie de voir chez mes semblables le mal dont il me semblait si facile de se préserver, et un regret amer de ne pouvoir emporter dans la solitude l'espérance de leur conversion.

J'avais résolu de m'abstenir de la vie ; à mon rêve de couvent avait succédé un rêve de claustration libre, de solitude champêtre. Il me semblait que j'avais, comme *René,* le cœur mort avant d'avoir vécu, et qu'ayant si bien découvert, par les yeux de Rousseau, de la Bruyère, de Molière même, dont le *Misanthrope* était devenu mon code, par les yeux enfin de tous ceux qui ont vécu, senti, pensé et écrit, la perversité et la sottise des hommes, je ne pourrais jamais en aimer un seul avec enthousiasme, à moins qu'il ne fût, comme moi, une espèce de sauvage, en rupture de ban avec cette société fausse et ce monde fourvoyé.

Si Claudius, avec son esprit, son savoir et son scepticisme à l'endroit des choses humaines, eût eu, comme moi, l'idéal religieux, j'eusse peut-être pensé à lui ; j'y pensai même, pour me questionner à ce sujet ; mais, tout au contraire de moi, il arrivait rapidement à nier Dieu, disant qu'il aurait dû commencer par là. Cela creusait un abîme entre nous, et notre amitié épistolaire en était glacée. Je ne lui pardonnais que par la pensée qu'il s'éclairerait mieux en s'instruisant davantage.

Cela n'arriva point. Et, bien que nous ayons été liés plus tard assez intimement, cette souffrance intérieure que me causait son athéisme ne s'est jamais dissipée, alors même que je n'avais plus l'esprit tendu habituellement sur des idées aussi sérieuses. Cet athéisme produisit chez lui, dans son âge mûr, des théories d'une perversité surprenante, et l'on se demandait parfois s'il y croyait, ou s'il se moquait de vous. Il vint même un moment où il fut saisi du vertige du mal et où il m'effraya au point que je cessai de le voir et refusai de renouer notre ancienne amitié ; mais pourquoi raconterais-je cette phase de son existence ? Il n'y a pas d'utilité à remuer la cendre des morts quand leur trace dans la vie n'a pas été assez éclatante pour laisser derrière eux des abîmes entr'ouverts.

Je m'isolais donc, par la volonté, à dix-sept ans, de l'humanité présente. Les lois de propriété, d'héritage, de répression meurtrière, de guerre litigieuse ; les priviléges de fortune et d'éducation ; les préjugés du rang et ceux de l'intolérance morale ; la puérile oisiveté des gens du monde ; l'abrutissement des intérêts matériels ; tout ce qui est d'institution ou de coutume païenne dans une société soi-disant chrétienne, me révoltait si profondément, que j'étais entraînée à protester, dans mon âme, contre l'œuvre des siècles. Je n'avais pas la notion du progrès, qui n'était pas populaire alors, et qui ne m'était pas arrivée par mes lectures. Je ne voyais donc pas d'issue à mes angoisses, et l'idée de travailler, même dans mon milieu obscur et borné, pour hâter les promesses de l'avenir, ne pouvait se présenter à moi.

Ma mélancolie devint donc de la tristesse, et ma tristesse de la douleur. De là au dégoût de la vie et au désir de la mort il n'y a qu'un pas. Mon existence domestique était si morne, si endolorie, mon corps si irrité par une lutte continuelle contre l'accablement, mon cerveau si fatigué de pensées sérieuses trop précoces, et de lectures trop absorbantes aussi pour mon âge, que j'arrivai à une maladie morale très-grave : l'attrait du suicide.

A Dieu ne plaise que j'attribue cependant ce mauvais résultat aux écrits des maîtres et au désir de la vérité. Dans une plus heureuse situation de famille et dans une meilleure disposition de santé, ou je n'aurais pas tant compris les livres, ou ils ne m'eussent pas tant impressionnée. Comme presque tous ceux de mon âge, peut-être n'aurais-je été émue que de la forme, et n'aurais-je pas tant cherché le fond. Les philosophes, pas plus que les poëtes, ne sont coupables du mal qu'ils peuvent nous faire, quand nous buvons sans à-propos et sans modération aux sources qu'ils ont creusées. Je sentais bien que je devais me défendre, non pas d'eux, mais de moi-même, et j'appelais la foi à mon secours.

Je crois encore à ce que les chrétiens appellent la grâce. Qu'on nomme comme on voudra les transformations qui s'opèrent en nous quand nous appelons énergiquement le principe divin de l'infini au secours de notre faiblesse ; que ce bienfait s'appelle secours ou assimilation ; que notre aspiration s'appelle prière ou exaltation d'esprit, il est certain que l'âme se retrempe dans les élans religieux. Je l'ai toujours éprouvé d'une manière si évidente pour moi, que j'aurais mauvaise grâce à en matérialiser 'expression sous ma plume. Prier comme certains dévots pour demander au ciel la pluie ou le soleil, c'est-à-dire des pommes de terre et des écus, pour conjurer la grêle ou la foudre, la maladie ou la mort, c'est de l'idolâtrie pure ; mais lui demander le courage, la sagesse, l'amour, c'est ne pas intervertir l'ordre de ses lois immuables, c'est puiser à un foyer qui ne nous attirerait pas sans cesse si, par sa nature, il n'était pas capable de nous réchauffer.

Je priai donc et reçus la force de résister à la tentation du suicide. Elle fut quelquefois si vive, si subite, si bizarre, que je pus bien constater que c'était une espèce de folie dont j'étais atteinte. Cela prenait la forme d'une idée fixe et frisait par moments la monomanie. C'était l'eau surtout qui m'attirait comme par un charme mystérieux. Je ne me promenais plus qu'au bord de la rivière, et, ne songeant plus à chercher les sites agréables, je la suivais machinalement jusqu'à ce que j'eusse trouvé un endroit profond. Alors, arrêtée sur le bord et comme enchaînée par un aimant, je sentais dans ma tête comme une gaieté fébrile, en me disant : « Comme c'est aisé ! Je n'aurais qu'un pas à faire ! »

D'abord cette manie eut son charme étrange, et je ne la combattis pas, me croyant bien sûre de moi-même ; mais elle prit une intensité qui m'effraya. Je ne pouvais plus m'arracher de la rive aussitôt que j'en formais le dessein, et je commençais à me dire : *Oui* ou *Non ?* assez souvent et assez longtemps pour risquer d'être lancée par le *oui* au fond de cette eau transparente qui me magnétisait.

Ma religion me faisait pourtant regarder le suicide comme un crime. Aussi je vainquis cette menace de délire. Je m'abstins de m'approcher de l'eau, et le phénomène nerveux, car je ne puis définir autrement la chose, était si prononcé, que je ne touchais pas seulement à la margelle d'un puits sans un tressaillement fort pénible à diriger en sens contraire.

Je m'en croyais pourtant guérie, lorsqu'allant voir un malade avec Deschartres, nous nous trouvâmes tous deux à cheval au bord de l'Indre. «Faites attention, me dit-il, ne se doutant pas de ma monomanie, marchez derrière moi ; le gué est très-dangereux. A deux pas de nous, sur la droite, il y a vingt pieds d'eau.

— J'aimerais mieux ne point y passer, lui répondis-je saisie tout à coup d'une grande méfiance de moi-même. Allez seul, je ferai un détour et vous rejoindrai par le pont du moulin. »

Deschartres se moqua de moi. « Depuis quand êtes-vous peureuse ? me dit-il, c'est absurde. Nous avons passé cent fois dans des endroits pires, et vous n'y songiez pas. Allons, allons ! le temps nous presse Il nous faut être rentrés à cinq heures pour faire dîner votre bonne maman. »

Je me trouvai bien ridicule en effet, et je le suivis. Mais au beau milieu du gué, le vertige de la mort s'empare de moi, mon cœur bondit, ma

CHAPITRE SIXIÈME.

vue se trouble, j'entends le *oui* fatal gronder dans mes oreilles, je pousse brusquement mon cheval à droite, et me voilà dans l'eau profonde, saisie d'un rire nerveux et d'une joie délirante.

Si Colette n'eût été la meilleure bête du monde, j'étais débarrassée de la vie et fort innocemment, cette fois, car aucune réflexion ne m'était venue ; mais Colette, au lieu de se noyer, se mit à nager tranquillement et à m'emporter vers la rive ; Deschartres faisait des cris affreux qui me réveillèrent. Déjà il s'élançait à ma poursuite. Je vis que, mal monté et maladroit, il allait se noyer. Je lui criai d'être tranquille et ne m'occupai plus que de me bien tenir. Il n'est pas aisé de ne pas quitter un cheval qui nage. L'eau vous soulève, et votre propre poids submerge l'animal à chaque instant ; mais j'étais bien légère, et Colette avait un courage et une vigueur peu communs. La plus grande difficulté fut pour aborder. La rive était trop escarpée. Il y eut un moment d'anxiété terrible pour mon pauvre Deschartres ; mais il ne perdit pas la tête et me cria de m'accrocher à un têteau de saule qui se trouvait à ma portée, et de laisser noyer la bête. Je réussis à m'en séparer et à me mettre en sûreté ; mais quand je vis les efforts désespérés de ma pauvre Colette pour franchir le talus, j'oubliai tout à fait ma situation, et, entraînée une minute auparavant à ma propre perte, je me désolai de celle de mon cheval, que je n'avais pas prévue. J'allais me rejeter à l'eau pour essayer, bien inutilement sans doute, de le sauver, quand Deschartres vint m'arracher de là, et Colette eut l'esprit de revenir vers le gué, où était restée l'autre jument.

Deschartres ne fit pas comme le maître d'école de la fable, qui débite son sermon avant de songer à sauver l'enfant; mais le sermon, pour venir après le secours, n'en fut pas moins rude. Le chagrin et l'inquiétude le rendaient parfois littéralement furieux. Il me traita d'*animal*, de *bête brute*, tout son vocabulaire y passa. Comme il était d'une pâleur livide et que de grosses larmes coulaient avec ses injures, je l'embrassai sans le contredire ; mais la scène continuant pendant le retour, je pris le parti de lui dire la vérité comme à un médecin, et de le consulter sur cette inexplicable fantaisie dont j'étais possédée.

Je pensais qu'il aurait peine à me comprendre, tant je comprenais peu moi-même ce que je lui avouais; mais il n'en parut pas surpris. « Ah! mon Dieu! s'écria-t-il, cela aussi! Allons, c'est héréditaire! » Il me raconta alors que mon père était sujet à ces sortes de vertiges, et m'engagea à les combattre par un bon régime et par la *religion*, mot inusité dans sa bouche, et que je lui entendais invoquer, je pense, pour la première fois.

Il n'avait pas lieu d'argumenter contre mon mal,

puisqu'il était involontaire et combattu en moi ; mais ceci nous conduisit à raisonner sur le suicide en général.

Je lui accordais d'abord que le suicide raisonné et consenti était généralement une impiété et une lâcheté. C'eût été le cas pour moi. Mais cela ne me paraissait pas plus absolu que bien d'autres lois morales. Au point de vue religieux, tous les martyrs étaient des suicides ; si Dieu voulait, d'une manière absolue et sans réplique, que l'homme conservât, même parjure et souillée, la vie qu'il lui a imposée, les héros et les saints du christianisme devaient plutôt feindre d'embrasser les idoles que de se laisser livrer aux supplices et dévorer par les bêtes. Il y a eu des martyrs si avides de cette mort sacrée, qu'on raconte de plusieurs qu'ils se précipitèrent en chantant dans les flammes, sans attendre qu'on les y poussât. Donc l'idéal religieux admet le suicide et l'Église le canonise. Elle a fait plus que de canoniser les martyrs, elle a canonisé les saints volontairement suicidés par excès de macération.

Quant au point de vue social (en outre des faits d'héroïsme patriotique et militaire, qui sont des suicides glorieux comme le martyre chrétien), ne pouvait-il pas se présenter des cas où la mort est un devoir tacitement exigé par nos semblables ? Sacrifier sa vie pour sauver celle d'un autre n'est pas un devoir douteux, lors même qu'il s'agirait du dernier des hommes; mais la sacrifier pour réparer sa propre honte, si la société ne le commande pas, ne l'approuve-t-elle point? N'avons-nous pas tous dans le cœur et sur les lèvres ce cri instinctif de la conscience en présence d'une infamie : « Comment peut-on, comment ose-t-on vivre après cela? » L'homme qui commet un crime et qui se tue après n'est-il pas à moitié absous? Celui qui a fait un grand tort à quelqu'un et qui, ne pouvant le réparer, se condamne à l'expier par le suicide, n'est-il pas plaint et en quelque sorte réhabilité? Le banqueroutier qui survit à la ruine de ses commettants est souillé d'une tache ineffaçable; sa mort volontaire peut seule prouver la probité de sa conduite ou la réalité de son désastre. Ce peut être parfois un point d'honneur exagéré, mais c'est un point d'honneur. Quand c'est l'œuvre d'un remords bien fondé, est-ce un scandale de plus à donner au monde? Le monde, par conséquent l'esprit des sociétés établies, n'en juge pas ainsi, puisque, par le pardon qu'il accorde, il considère ceci comme une réparation du mauvais exemple et un hommage rendu à la morale publique.

Deschartres m'accorda tout cela, mais il fut plus embarrassé quand je poussai plus loin. « Maintenant, lui dis-je, il peut arriver, comme conséquence de tout ce que nous avons admis, qu'une âme éprise du beau et du vrai sente cependant en elle la fatalité de quelque mauvais instinct, et qu'étant tombée dans le mal, elle ne puisse pas répondre, malgré ses remords et ses résolutions, de n'y pas retomber tout le reste de sa vie. Alors elle peut se prendre elle-même en dégoût, en aversion, en mépris, et non-seulement désirer la mort, mais la chercher comme le seul moyen de s'arrêter dans la mauvaise voie.

— Oh! doucement, dit Deschartres. Vous voilà fataliste à présent, et que faites-vous du libre arbitre, vous qui êtes chrétienne?

— Je vous confesse qu'aujourd'hui, répondis-je, j'éprouve de grands doutes là-dessus. Ils sont pénibles plus que je ne puis vous le dire, et je ne demande pas mieux que vous les combattiez ; mais ce qui m'est arrivé tout à l'heure ne prouve-t-il pas qu'on peut être entraîné vers la mort physique par un phénomène tout physique, auquel la conscience et la volonté n'ont point de part, et où l'assistance de Dieu semble ne vouloir pas intervenir?

— Vous en concluez que si l'instinct physique peut nous faire chercher la mort physique, l'instinct moral peut nous pousser de même à la mort morale? La conséquence est fausse. L'instinct moral est plus important que l'instinct physique, qui ne raisonne pas. La raison est toute-puissante, non pas toujours sur le mal physique, qui l'engourdit et la paralyse, mais sur le mal moral, qui n'est pas de force contre elle. Ceux qui font le mal sont des êtres privés de raison. Complétez la raison en vous-même, vous serez à l'abri de tous les dangers qui conspiraient contre elle, et même vous surmonterez en vous les désordres du sang et des nerfs; vous les préviendrez, tout au moins, par le régime moral et physique. »

Je donnai pleinement raison, cette fois, à Deschartres : pourtant il me revint plus tard bien des doutes et des angoisses de l'âme à ce sujet. Je pensai que le libre arbitre existe dans la pensée saine, mais que son exercice peut être entravé par des circonstances tout à fait indépendantes de nous et vainement combattues par notre volonté. Ce n'était pas ma faute si j'avais la tentation de mourir. Il se peut que j'eusse aidé à ce mal par un régime trop excitant au moral et au physique; mais, en somme, j'avais manqué de direction et de repos; ma maladie était la conséquence inévitable de celle de ma grand'mère.

Depuis mon immersion dans la rivière, je me sentis débarrassée de l'obsession de la noyade; mais, malgré les soins médicaux et intellectuels de Deschartres, l'attrait du suicide persista sous d'autres formes. Tantôt j'avais une étrange émotion en maniant des armes et en chargeant des pistolets; tantôt les fioles de laudanum que je touchais sans cesse pour préparer des lotions à ma grand'mère me donnaient de nouveaux vertiges.

CHAPITRE SIXIÈME.

Je ne me souviens pas trop comment je me débarrassai de cette manie. Cela vint de soi-même, avec un peu plus de repos que je donnai à mon esprit, et que Deschartres vint à bout d'assurer à mon sommeil, en se dévouant plus d'une fois à ma place. Je parvins donc à oublier mon idée fixe, et peut-être la lecture que Deschartres me fit faire d'une partie des classiques grecs et latins y contribua-t-elle beaucoup. L'histoire nous transporte loin de nous-mêmes, surtout celle des temps reculés et des civilisations évanouies. Je me rassérénai souvent avec Plutarque, Tite-Live, Hérodote, etc. J'aimai aussi Virgile passionnément en français et Tacite en latin. Horace et Cicéron étaient les dieux de Deschartres. Il m'expliquait le mot à mot, car je m'obstinais à ne vouloir pas rapprendre le latin. Il me traduisait donc en lisant ses passages de prédilection, et il était là d'une décision, d'une clarté, d'une couleur que je n'ai jamais retrouvées chez personne.

Je trouvais aussi une distraction douce à écrire beaucoup de lettres, à mon frère, à madame Alicia, à Élisa, à madame de Pontcarré, et à plusieurs de mes compagnes restées au couvent, ou sorties comme moi définitivement. Dans les commencements, je ne pouvais suffire aux nombreuses correspondances qui me provoquaient et me réclamaient; mais il avait fallu bien peu de temps pour que je fusse oubliée du plus grand nombre. Il ne me restait donc que des amies de choix. J'ai conservé presque toutes ces lettres, qui me sont de doux souvenirs, même des personnes que j'ai entièrement perdues de vue. Celles de madame Alicia sont simples et toujours tendres. Elles vont de 1820 à 1830. Tout empreintes de la douce monotonie de la vie religieuse, elles ont pour la plupart un ton d'enjouement qui atteste la constante sérénité de cette belle âme. Elle m'appelle toujours mon enfant chéri, ou mon cher *tourment*, comme dans le temps où j'allais me faire gronder dans sa cellule [1].

Il y a beaucoup d'esprit, de gaieté ou de grâce dans les lettres de jeunes filles que j'ai conservées. Pour détacher un point un peu plus brillant sur la trame lourde et triste de mon récit, je citerai quelques extraits de la manière espiègle et charmante d'une de ces aimables compagnes.

A., 5 avril 21.

« Je t'envie bien, chère Aurore, le plaisir de courir les champs à cheval. Je tourmente mon papa

---

[1] Dans une de ces lettres, elle me raconte comme quoi Clary de Faudoas a manqué mettre le feu à sa cellule, pour fêter, par des illuminations, la naissance du petit duc (Henri V). Je cite ce petit fait comme une date dans mon récit.

mignon pour qu'il me le procure, car je rêve de me voir une casquette sur l'oreille. J'ai arraché sa promesse. En attendant, j'arpente à pied notre immense jardin de la préfecture. *Figure-toi, ma chère,* comme nous disions à la classe, qu'il s'y trouve des plaines, des allées droites, des terrasses d'une longueur inouïes, et des tours qui dominent une espèce de promenade où il passe beaucoup de monde, et où je vas souvent regarder. Comme la préfecture était autrefois une abbaye, il y a encore, dans une partie du jardin entourée de murs, et qui est comme un grand jardin séparé du reste, de vieilles ruines d'église couvertes de lierre, des ifs taillés en pointe, et de longues allées sombres, bordées de grands tilleuls. Tout rappelle les moines dans cet endroit où rien n'a été changé, et je me les représente lisant leurs offices sous ces ombrages où j'aime à rêvasser ou à répéter les vers du Tasse.

» Ceux du Dante, que tu m'as envoyés, m'ont semblé magnifiques, et je ne peux me lasser de les relire. — Non vraiment, je ne chante plus :

> Già riede la primavera,
> Col suo fiorito aspetto.

Mais j'aime toujours monsieur l'abbé Métastase.

» Bonsoir, ma petite Aurore. Je vais me coucher, bien qu'il ne soit que neuf heures et demie, car je ne me sens pas disposée du tout à passer, comme

toi, les nuits à travailler. Je n'ai pas d'ardeur et n'en prends que pour mon plaisir. . . . . . .
. . . . »

. . . 17 juin. . .

« J'ai été, il y a quelques jours, à ce qu'on appelle ici un *tantarare*. C'est une société composée de personnes âgées qui jouent au boston dans un salon fort peu éclairé. Quelques jeunes personnes, qui ont suivi leurs mères, bâillent ou en meurent d'envie. Pour moi, mon sort a été supportable. Je me suis trouvée, par hasard, auprès d'une jeune dame aimable et de mon âge. Nous avons beaucoup bavardé. Tu aurais été étonnée de nous entendre raisonner sur l'histoire de France! Comme je n'y suis pas des plus ferrées, j'ai jeté la conversation sur ce qui m'en plaît le mieux, sur le temps de la chevalerie. Nous avons cherché alors des hommes dignes du beau titre de chevaliers dans ceux que nous connaissons, et nous n'avons pas pu en trouver plus de deux ou trois. Il fallait leur donner des dames : la chose nous parut trop difficile, quoique, au fond, chacune de nous pensât que c'était elle.

» Tu me demandes si je versifie encore. Vraiment non. J'ai laissé ce goût au couvent, où je ne pouvais avoir à chanter d'autres romances que celles que je composais moi-même. Maintenant ce n'est

pas un petit plaisir pour moi de pouvoir chanter toutes celles que je veux. . . . .
. . . .

» Comment! tu tires le pistolet dans une cible, avec ton ami Hippolyte? Et moi qui me vantais à toi de brûler de la poudre! Décidément tu es bien plus gâtée que moi, et je vas m'en plaindre à mon papa, qui me refuse des balles. Il croit que le bruit et le feu me suffiront longtemps! — Par exemple, je déteste toujours le travail d'aiguille. Je le reconnais pourtant bien nécessaire à une femme; mais j'ai trouvé un ouvrage qui me plaît : c'est de filer. J'ai un petit rouet charmant, avec une belle quenouille d'ébène, qui vaut bien la quenouille de bois de rose d'*Amélie*, dans *Gaston de Foix*. — Mais que tu es donc heureuse d'avoir un cheval à toi! Je n'ai, en fait de bêtes, qu'une tourterelle qui se charge de me réveiller le matin en volant sur mon lit. — Je ne partage guère ton désir singulier de retourner au couvent. En fait de religieuses, je n'aimais que Poulette; mais la nouvelle supérieure, point. Je m'étonne toujours que tu puisses supporter son souvenir, et ne pourrais m'attacher à elle que pour l'amour de Dieu. — J'ai eu des nouvelles de G***. Elle est au Sacré-Cœur, et toujours méchante comme elle l'était chez nous. C'est encore quelqu'un que tu aimais et que je ne peux pas souffrir. Il paraît qu'elle se plaît beaucoup, dans cette nouvelle pension, à raconter tous les affreux tours qu'elle jouait à nos vieilles locataires de la rue des Boulangers. »

27 septembre...

« . . . . Je n'ai plus de nouvelles de notre couvent que par toi, et tu es la seule avec qui je puisse me livrer un peu à mon babil, car l'inspection des lettres par madame Eugénie m'empêche d'écrire davantage aux amies que nous y avons laissées. Cela mettrait trop de contrainte dans mes lettres. Par exemple, je ne me risquerais pour rien au monde à leur parler de M. de la ***, qui est maintenant le seul beau danseur du régiment du Calvados, M. de Lauzun étant absent.

» Tu te représenteras facilement le premier, quand je te dirai qu'il me ressemble comme deux gouttes d'eau, surtout au bal, où nous avons tous deux de très-vives couleurs. Nous sommes de la même taille. Il jouit, comme moi, d'un honnête embonpoint. Il a des cheveux blondasses, et des petits yeux bleus mal ouverts. Enfin, quand nous dansons ensemble, on le prendrait pour mon frère. Maman dit que si elle s'était mariée deux ou trois ans plus tôt, elle aurait pu avoir un fils *aussi charmant*.

» Au dernier bal où j'ai été, il y avait trois officiers, dont M***. Celui-là avait de grands pantalons rouges et des petits brodequins verts, qui me donnaient grande envie qu'il me fît danser; mais c'est un désir qu'il n'a pas partagé.... On ne danse pas pendant l'Avent. Maman a donné des concerts où nous avons brillé, comme tu penses. J'avais très-peur, mais le public d'ici ne s'y connait guère. Ma harpe est très-bonne, quoique pas plus grande que la tienne, au couvent. Elle a des sons charmants. Elle est en bois satiné gris et toute dorée. Je chante toujours un peu, et on met mon peu de voix sur le compte de ma timidité. »

18 janvier 1822.

« Il est plus de trois heures. Je sors du bal, et pendant que la femme de chambre déshabille maman, j'ai le temps de commencer une lettre pour ma petite Aurore. Puisque les extrêmes se cherchent, j'aime à babiller avec toi, et je veux te conter tout chaud, tout bouillant, mes plaisirs de ce soir. Hélas! malgré tout ce que je t'en dis pour te monter la tête, ils n'ont pas été sans mélange. J'ai encore dansé avec tout le monde, excepté avec ces petites bottes vertes qui m'avaient déjà tentée. Et comme les difficultés augmentent les fantaisies, j'en ai plus envie que jamais. J'ai grand besoin de me reposer après trois bals de suite. C'est une vie désordonnée, et tu as peut-être bien raison de n'en pas désirer une pareille. Mais passer l'hiver seule à la campagne!

pour cela, c'est effrayant, et je ne m'en sentirais pas le courage. La vie est toute couleur de rose autour de moi, et je me figure que la réflexion me rendrait triste. »

La personne qui m'écrivait ainsi était extrêmement jolie, malgré les moqueries qu'elle fait d'elle-même. Elle était un peu grasse et un peu louche, il est vrai ; mais cela ne l'empêchait pas d'être légère dans sa démarche et d'avoir le plus doux regard et les plus jolis yeux. Elle avait peu de voix, en effet, mais chantait d'une manière ravissante. C'était une nature narquoise, remplie de bienveillance, et voyant en toutes choses le côté comique. Elle avait de grandes originalités, aimant le plaisir sans coquetterie, et laissant prendre à son esprit un tour assez hardi quelquefois, sans manquer dans ses manières et dans ses actions à une réserve exquise.

Ces charmantes puérilités de jeune fille m'arrivaient quelquefois en même temps qu'une argumentation de philosophie matérialiste de Claudius et une exhortation pleine d'onction et de suavité de l'abbé de Prémord. Ma vie intellectuelle était donc bien variée, et si j'étais triste souvent, je ne m'ennuyais du moins jamais. Au contraire, même au milieu de mes plus grands dégoûts de l'existence, je me plaignais de la rapidité du temps, qui ne suffisait à rien de ce dont j'aurais voulu le remplir.

J'aimais toujours la musique. J'avais dans ma

CHAPITRE SIXIÈME.

chambre un piano, une harpe et une guitare. Je n'avais plus le temps de rien étudier, mais je déchiffrais beaucoup de partitions. Cette impossibilité où j'étais d'acquérir un talent quelconque m'assurait du moins une source de jouissances en m'habituant à lire et à comprendre.

Je voulais aussi apprendre la géologie et la minéralogie. Deschartres remplissait ma chambre de moellons. Je n'apprenais rien qu'à voir et à observer les détails de la création sur lesquels il attirait mes regards ; mais le temps manquait toujours. Il eût fallu que notre chère malade pût guérir.

Vers la fin de l'automne elle devint très-calme, et je me flattais encore; mais Deschartres regardait cette amélioration comme un nouveau pas vers la dissolution de l'être. Ma grand'mère n'était pourtant pas d'un âge à ne pouvoir se relever. Elle avait soixante-quinze ans, et n'avait été malade qu'une fois déjà dans toute sa vie. L'épuisement de ses forces et de ses facultés était donc assez mystérieux. Deschartres attribuait cette absence de puissance réactive à la mauvaise circulation de son sang dans un système de vaisseaux trop étroits. Il fallait l'attribuer plutôt à l'absence de volonté et d'épanouissement moral, depuis l'affreux chagrin de la perte de son fils.

Tout le mois de décembre fut lugubre. Elle ne se leva plus et parla rarement. Cependant, habitués à être tristes, nous n'étions pas terrifiés. Deschartres pensait qu'elle pouvait vivre longtemps ainsi dans un engourdissement entre la mort et la vie. Le 22 décembre, elle me fit lever pour me donner un couteau de nacre, sans pouvoir expliquer pourquoi elle songeait à ce petit objet et voulait le voir dans mes mains. Elle n'avait plus d'idées nettes. Cependant elle s'éveilla encore une fois pour me dire : « *Tu perds ta meilleure amie.* »

Ce furent ses dernières paroles. Un sommeil de plomb tomba sur sa figure calme, toujours fraîche et belle. Elle ne se réveilla plus et s'éteignit sans aucune souffrance, au lever du jour et au son de la cloche de Noël.

Nous n'eûmes de larmes ni Deschartres ni moi. Quand le cœur eut cessé de battre et le souffle de ternir légèrement la glace, il y avait trois jours que que nous la pleurions définitivement, et, en ce moment suprême, nous n'éprouvions plus que la satisfaction de penser qu'elle avait franchi sans souffrance du corps et sans angoisses de l'âme le seuil d'une meilleure existence. J'avais redouté les horreurs de l'agonie : la Providence les lui épargnait. Il n'y eut point de lutte entre le corps et l'esprit pour se séparer. Peut-être que déjà l'âme était envolée vers Dieu, sur les ailes d'un songe qui la réunissait à celle de son fils, tandis que nous avions veillé ce corps inerte et insensible.

CHAPITRE SIXIÈME. 247

Julie lui fit une dernière toilette, avec le même soin que dans les meilleurs jours. Elle lui mit son bonnet de dentelle, ses rubans, ses bagues. L'usage chez nous est d'enterrer les morts avec un crucifix et un livre de religion. J'apportai ceux que j'avais préférés au couvent. Quand elle fut parée pour la tombe, elle était encore belle. Aucune contraction n'avait altéré ses traits nobles et purs. L'expression en était sublime de tranquillité.

Dans la nuit, Deschartres vint m'appeler; il était fort exalté et me dit d'une voix brève : « Avez-vous du courage? Ne pensez-vous pas qu'il faut rendre aux morts un culte plus tendre encore que celui des prières et des larmes? Ne croyez-vous pas que de là-haut ils nous voient et sont touchés de la fidélité de nos regrets? Si vous pensez toujours ainsi, venez avec moi. »

Il était environ une heure du matin. Il faisait une nuit claire et froide. Le verglas, venu par-dessus la neige, rendait la marche si difficile, que, pour traverser la cour et entrer dans le cimetière qui y touche, nous tombâmes plusieurs fois.

« Soyez calme, me dit Deschartres toujours exalté sous une apparence de sang-froid étrange. Vous allez voir celui qui fut votre père. » Nous approchâmes de la fosse ouverte pour recevoir ma grand'mère. Sous un petit caveau, formé de pierres brutes, était un cercueil que l'autre devait rejoindre dans quelques heures.

« J'ai voulu voir cela, dit Deschartres, et surveiller les ouvriers qui ont ouvert cette fosse dans la journée. Le cercueil de votre père est encore intact; seulement les clous étaient tombés. Quand j'ai été seul, j'ai voulu soulever le couvercle. J'ai vu le squelette. La tête s'était détachée d'elle-même. Je l'ai soulevée, je l'ai baisée. J'en ai éprouvé un si grand soulagement, moi qui n'ai pu recevoir son dernier baiser, que je me suis dit que vous ne l'aviez pas reçu non plus. Demain cette fosse sera fermée. On ne la rouvrira sans doute plus que pour vous. Il faut y descendre, il faut baiser cette relique. Ce sera un souvenir pour toute votre vie. Quelque jour, il faudra écrire l'histoire de votre père, ne fût-ce que pour le faire aimer à vos enfants, qui ne l'auront pas connu. Donnez maintenant à celui que vous avez connu à peine vous-même, et qui vous aimait tant, une marque d'amour et de respect. Je vous dis que là où il est maintenant, il vous verra et vous bénira. »

J'étais assez émue et exaltée moi-même pour trouver tout simple ce que me disait mon pauvre précepteur. Je n'y éprouvai aucune répugnance, je n'y trouvai aucune bizarrerie, j'aurais blâmé et regretté qu'ayant conçu cette pensée il ne l'eût pas exécutée. Nous descendîmes dans la fosse et je fis religieusement l'acte de dévotion dont il me donna l'exemple.

« Ne parlons de cela à personne, me dit-il, toujours calme en apparence, après avoir refermé le cercueil et sortant avec moi du cimetière : on croirait que nous sommes fous, et pourtant nous ne le sommes pas, n'est-il pas vrai?

— Non certes, » répondis-je avec conviction.

Depuis ce moment, j'ai observé que les croyances de Deschartres avaient complétement changé. Il avait toujours été matérialiste et n'avait pas réussi à me le cacher, bien qu'il eût eu soin de chercher dans ses paroles des termes moyens pour ne pas s'expliquer sur la Divinité et l'immatérialité de l'âme humaine. Ma grand'mère était déiste, comme on disait de son temps, et lui avait défendu de me rendre athée. Il avait eu bien de la peine à s'en défendre, et, pour peu que j'eusse été portée à la négation, il m'y aurait confirmée malgré lui.

Mais il se fit en lui une révolution soudaine et même extrême comme son caractère, car peu de temps après je l'entendis soutenir avec feu l'autorité de l'Église. Sa conversion avait été un mouvement du cœur, comme la mienne. En présence de ces froids ossements d'un être chéri, il n'avait pu accepter l'horreur du néant. La mort de ma grand'mère ravivant le souvenir de celle de mon père, il s'était trouvé devant cette double tombe écrasé sous les deux plus grandes douleurs de sa vie, et son âme ardente avait protesté, en dépit de sa raison froide, contre l'arrêt d'une éternelle séparation.

Dans la journée qui suivit cette nuit d'une étrange solennité, nous conduisîmes ensemble la dépouille de la mère auprès de celle du fils. Tous nos amis y vinrent et tous les habitants du village y assistèrent. Mais le bruit, les figures hébétées, les batailles des mendiants qui, pressés de recevoir la distribution d'usage, nous poussaient jusque dans la fosse pour se trouver les premiers à la portée de l'aumône, les compliments de condoléance, les airs de compassion fausse ou vraie, les pleurs bruyants et les banales exclamations de quelques serviteurs bien intentionnés, enfin tout ce qui est de forme et de regret extérieur me fut pénible et me parut irréligieux. J'étais impatiente que tout ce monde fût parti. Je savais un gré infini à Deschartres de m'avoir amenée là, dans la nuit, pour rendre à cette tombe un hommage grave et profond.

Le soir, toute la maison, vaincue par la fatigue, s'endormit de bonne heure, Deschartres lui-même, brisé d'une émotion qui avait pris une forme toute nouvelle dans sa vie.

Je ne me sentis pas accablée. J'avais été profondément pénétrée de la majesté de la mort; mes émotions, conformes à mes croyances, avaient été d'une tristesse paisible. Je voulus revoir la chambre de ma grand'mère et donner cette dernière nuit de veille à son souvenir, comme j'en avais donné tant d'autres à sa présence.

Aussitôt que tout le bruit eut cessé dans la maison, et que je me fus assurée d'y être bien seule debout, je descendis et m'enfermai dans cette chambre. On n'avait pas encore songé à la remettre en ordre. Le lit était ouvert, et le premier détail qui me saisit fut l'empreinte exacte du corps, que la mort avait frappé d'une pesanteur inerte et qui se dessinait sur le matelas et sur le drap. Je voyais là toute sa forme gravée en creux. Il me sembla, en y appuyant mes lèvres, que j'en sentais encore le froid.

Des fioles à demi vides étaient encore à côté de son chevet. Les parfums qu'on avait brûlés autour du cadavre remplissaient l'atmosphère. C'était du benjoin, qu'elle avait toujours préféré pendant sa vie, et qui lui avait été rapporté de l'Inde, dans une noix de coco, par M. Dupleix. Il y en avait encore, j'en brûlai encore. J'arrangeai ses fioles comme la dernière fois elle les avait demandées; je tirai le rideau à demi, comme il avait coutume d'être quand elle le faisait disposer. J'allumai la veilleuse, qui avait encore de l'huile. Je ranimai le feu, qui n'était pas encore éteint. Je m'étendis dans le grand fauteuil, et je m'imaginai qu'elle était encore là, et qu'en tâchant de m'assoupir j'entendrais peut-être encore une fois sa faible voix m'appeler.

Je ne dormis pas, et cependant il me sembla entendre deux ou trois fois sa respiration, et l'espèce de gémissement, de réveil, que mes oreilles connaissaient si bien. Mais rien de net ne se produisit à mon imagination, trop désireuse de quelque douce vision pour arriver à l'exaltation qui eût pu la produire.

J'avais eu dans mon enfance des accès de terreur à propos des spectres, et au couvent il m'en était revenu quelques appréhensions. Depuis mon retour à Nohant, cela s'était si complétement dissipé, que je le regrettais, craignant, quand je lisais les poëtes, d'avoir l'imagination morte. L'acte religieux et romanesque que Deschartres m'avait fait accomplir la veille était de nature à me ramener les troubles de l'enfance ; mais loin de là : il m'avait pénétrée d'une désespérance absolue de pouvoir communiquer directement avec les morts aimés. Je ne pensais donc pas que ma pauvre grand'mère pût m'apparaître réellement, mais je me flattais que ma tête fatiguée pourrait éprouver quelque vertige qui me ferait revoir sa figure éclairée du rayon de la vie éternelle.

Il n'en fut rien. La bise siffla au dehors, la bouillotte chanta dans l'âtre, et aussi le grillon, que ma grand'mère n'avait jamais voulu laisser

CHAPITRE SIXIÈME.

persécuter par Deschartres, bien qu'il la réveillât souvent. La pendule sonna les heures. La montre à répétition, accrochée au chevet de la malade, et qu'elle avait coutume d'interroger souvent du doigt, resta muette. Je finis par ressentir une fatigue qui m'endormit profondément.

Quand je m'éveillai, au bout de quelques heures, j'avais tout oublié, et je me soulevai pour regarder si elle dormait tranquille. Alors le souvenir me revint avec des larmes, qui me soulagèrent, et dont je couvris son oreiller toujours empreint de la forme de sa tête. Puis je sortis de cette chambre, où les scellés furent mis le lendemain, et qui me parut profanée par les formalités d'intérêt matériel.

CHAPITRE SEPTIÈME

Mon tuteur. — Arrivée de ma mère et de ma tante. —
Étrange changement de relations.

Mon cousin René de Villeneuve, puis ma mère, avec mon oncle et ma tante Maréchal, arrivèrent peu de jours après. Ils venaient assister à l'ouverture du testament et à la levée des scellés. De la valeur de ce testament allait dépendre mon existence nouvelle ; je ne parle pas sous le rapport de l'argent, je n'y pensais pas, et ma grand'mère y avait pourvu de reste ; mais sous le rapport de l'autorité qui allait succéder pour moi à la sienne.

Elle avait désiré, par-dessus tout, que je ne fusse point confiée à ma mère, et la manière dont elle me l'avait exprimé, à l'époque de pleine lucidité où elle avait rédigé ses dernières volontés, m'avait fortement ébranlée. « Ta mère, m'avait-elle dit, est plus bizarre que tu ne penses, et tu ne la connais pas du tout. Elle est si inculte qu'elle aime ses petits à la manière des oiseaux, avec de grands soins et de grandes ardeurs pour la première enfance ; mais quand ils ont des ailes, quand il s'agit de raisonner et d'utiliser la tendresse instinctive, elle vole sur un autre arbre et les chasse à coups de bec. Tu ne vivrais pas à présent trois jours avec elle sans te sentir horriblement malheureuse. Son caractère, son éducation, ses goûts, ses habitudes, ses idées te choqueront complétement, quand elle ne sera plus retenue par mon autorité entre vous deux. Ne t'expose pas à ces chagrins, consens à aller habiter avec la famille de ton père, qui veut se charger de toi après ma mort. Ta mère y consentira très-volontiers, comme tu peux déjà le pressentir, et tu garderas avec elle des relations douces et durables que vous n'aurez point si vous vous rapprochez davantage. On m'assure que, par une clause de mon testament, je peux confier la suite de ton éducation et le soin de t'établir à René de Villeneuve, que je nomme ton tuteur; mais je veux que tu acquiesces d'avance à cet arrangement, car madame de Villeneuve surtout ne se chargerait pas volontiers d'une jeune personne qui la suivrait à contre-cœur. »

A ces moments de courte mais vive lueur de sagesse, ma grand'mère avait pris sur moi un empire complet. Ce qui donnait aussi beaucoup de poids à ses paroles, c'était l'attitude singulière et même blessante de ma mère, son refus de venir me soutenir dans mes angoisses, le peu de pitié que l'état de ma grand'mère lui inspirait, et l'espèce d'amertume railleuse, parfois menaçante, de ses lettres rares et singulièrement irritées. N'ayant pas mérité cette sourde colère qui paraissait gronder en elle, je m'en affligeais, et j'étais forcée de constater qu'il y avait chez elle soit de l'injustice, soit de la bizarrerie. Je savais que ma sœur Caroline n'était point heureuse avec elle, et ma mère m'avait écrit : « Caroline va se marier. Elle est lasse de vivre avec moi. Je crois, après tout, que je serai plus libre et plus heureuse quand je vivrai seule. »

Mon cousin était venu bientôt après passer une quinzaine avec nous. Je crois que pour se bien décider, ou tout au moins pour décider sa femme à se charger de moi, il avait voulu me connaître davantage. De mon côté, je désirais aussi connaître ce père d'adoption, que je n'avais pas beaucoup vu depuis mon enfance. Sa douceur et la grâce de ses manières m'avaient toujours été sympathiques ; mais il me fallait savoir s'il n'y avait pas derrière ces formes agréables un fond de croyances quelconques, inconciliables avec celles qui avaient surgi en moi.

Il était gai, d'une égalité charmante de caractère, d'un esprit aimable et cultivé, et d'une politesse si exquise que les gens de toute condition en étaient satisfaits ou touchés. Il avait beaucoup de littérature, et une mémoire si fidèle qu'il avait retenu, je crois, tous les vers qu'il avait lus. Il m'interrogeait sur mes lectures, et dès que je lui nommais un poëte, il m'en récitait les plus beaux passages d'une manière aisée, sans déclamation, avec une voix et une prononciation charmantes. Il n'avait point d'intolérance dans le goût et se plaisait à Ossian aussi bien qu'à Gresset. Sa causerie était un livre toujours ouvert et qui vous présentait toujours une page choisie.

Il aimait la campagne et la promenade. Il n'avait, à cette époque, que quarante-cinq ans, et comme il n'en paraissait que trente, on ne manqua pas de dire à la Châtre, en nous voyant monter à cheval ensemble, qu'il était mon prétendu, et que c'était une nouvelle impertinence de ma part de courir seule avec lui, *au nez du monde.*

Je ne trouvai en lui aucun des préjugés étroits et des appréciations mesquines des provinciaux. Il avait toujours vécu dans le plus grand monde, et mes *excentricités* ne le blessaient en rien. Il tirait le pistolet avec moi, il se laissait aller à lire et à causer jusqu'à deux ou trois heures du matin ; il luttait avec moi d'adresse à sauter les fossés à cheval ; il ne se moquait pas de mes essais de philosophie, et même il m'exhortait à écrire, assurant que c'était ma vocation, et que je m'en tirerais agréablement.

Par son conseil, j'avais essayé de faire encore un roman ; mais celui-ci ne réussit pas mieux que ceux du couvent. Il ne s'y trouva pas d'amour. C'était toujours une fiction en dehors de moi et que je sentais ne pouvoir peindre. Je m'en amusai quelque temps et y renonçai au moment où cela tournait à la dissertation. Je me sentais pédante comme un livre, et, ne voulant pas l'être, j'aimais mieux me taire et poursuivre intérieurement l'éternel poëme de *Corambé*, où je me sentais dans le vrai de mes émotions.

En trouvant mon tuteur si conciliant et d'un commerce si agréable, je ne songeais pas qu'une lutte d'idées pût jamais s'engager entre nous. A cette époque, les idées philosophiques étaient toute spéculatives dans mon imagination. Je n'en croyais pas l'application générale possible. Elles n'excitaient ni alarmes ni antipathies personnelles chez ceux qui ne s'en occupaient pas sérieusement. Mon cousin riait de mon libéralisme et ne s'en fâchait guère. Il voyait la nouvelle cour, mais il restait attaché aux souvenirs de l'empire, et comme, en ce temps-là, bonapartisme et libéralisme se fondaient souvent dans un même instinct d'opposition, il m'avouait que ce monde de dévots et d'obscurantistes lui donnait des nausées, et qu'il ne supportait qu'avec dégoût l'intolérance religieuse et monarchique de certains salons.

FIN DU TOME SEPTIÈME.

TABLE
DU TOME SEPTIÈME.

QUATRIÈME PARTIE.

CHAPITRE PREMIER.

Opinion d'Anna, de Fannelly et de Louise. — Retour et plaisanteries de Mary. — Confession générale. — L'abbé de Prémord. — Le jésuitisme et le mysticisme. — Communion et ravissement. — Le dernier bonnet de nuit. — Sœur Hélène. — Enthousiasme et vocation. — Opinion de Marie Alicia. — Élisa Auster. — Le pharisien et le publicain. — Parallèle de sentiments et d'instincts. 1

CHAPITRE DEUXIÈME.

Le cimetière. — Mystérieux orage contre sœur Hélène. — Premiers doutes instinctifs. — Mort de la mère Alippe. — Terreurs d'Élisa. — Second mécontentement intérieur. — Langueurs et fatigues. — La maladie des scrupules. — Mon confesseur me donne pour pénitence l'ordre de m'amuser. — Bonheur parfait. — Dévotion gaie. — Molière au couvent. — Je deviens auteur et directeur des spectacles. — Succès inouï du *Malade imaginaire* devant la communauté. — Jane. — Révolte. — Mort du duc de Berry. — Mon départ du couvent. — Mort de madame Canning. — Son administration. — Élection de madame Eugénie. — Décadence du couvent. . . 40

CHAPITRE TROISIÈME.

Paris, 1820. — Projets de mariage ajournés. — Amour filial contristé. — Madame Catalani. — Arrivée à Nohant. — Matinée de printemps. — Essai de travail. — Pauline et sa mère. — La comédie à Nohant. — Nouveaux chagrins d'intérieur. — Mon frère. — Colette et le général Pépé. — L'hiver à Nohant. — Soirée de février. — Désastre et douleurs.   88

CHAPITRE QUATRIÈME.

Tristesses, promenades et rêveries. — Luttes contre le sommeil. — Premières lectures sérieuses. — Le *Génie du christianisme* et l'*Imitation de Jésus-Christ*. — La vérité absolue, la vérité relative. — Scrupules de conscience. — Hésitation entre le développement et l'abrutissement de l'esprit. — Solution. — L'abbé de Prémord. — Mon opinion sur l'esprit des jésuites. — Lectures métaphysiques. — La guerre des Grecs. — Deschartres prend parti pour le Grand Turc. — Leibnitz. — Grande impuissance de mon cerveau : victoire de mon cœur. — Relâchement dans les pratiques de la dévotion, avec un redoublement de foi. — Les églises de campagne et de province. — Jean-Jacques Rousseau, le *Contrat social*. . . .   125

CHAPITRE CINQUIÈME.

Le fils de madame d'Épinay et de mon grand-père. — Étrange système de prosélytisme. — Attitude admirable de ma grand'mère. — Elle exige que j'entende sa confession. — Elle reçoit les sacrements. — Mes réflexions et les sermons de l'archevêque. — Querelle sérieuse avec mon confesseur. — Le vieux curé et sa servante. — Conduite déraisonnable d'un squelette. — Claudius. — Bonté et simplicité de Deschartres. — Esprit et charité des gens de *la Châtre*. — La fête du village. — Causeries avec mon pédagogue, réflexions sur le *scandale*. — Définition de *l'opinion*. 175

CHAPITRE SIXIÈME.

La maladie de ma grand'mère s'aggrave encore. — Fatigues extrêmes. — *René, Byron, Hamlet*. — État maladif de l'esprit. — Maladie du suicide. — La rivière. — Sermon de Deschartres. — Les classiques. — Correspondances. — Fragments de lettres d'une jeune fille. — Derniers jours de ma grand'mère. — Sa mort. — La nuit de Noël. — Le cimetière. — La veillée du lendemain. 220

CHAPITRE SEPTIÈME.

Mon tuteur. — Arrivée de ma mère et de ma tante. — Étrange changement de relations. 254

FIN DE LA TABLE.

www.ingramcontent.com/pod-product-compliance
Lightning Source LLC
Chambersburg PA
CBHW050343170426
43200CB00009BA/1705